AU FIL DE L'EAU

EN FRANCE ET EN EUROPE

Françoise Surcouf et Axel Araszkiewicz

AU FIL DE L'EAU

EN FRANCE ET EN EUROPE

Éditions
OUEST-
FRANCE

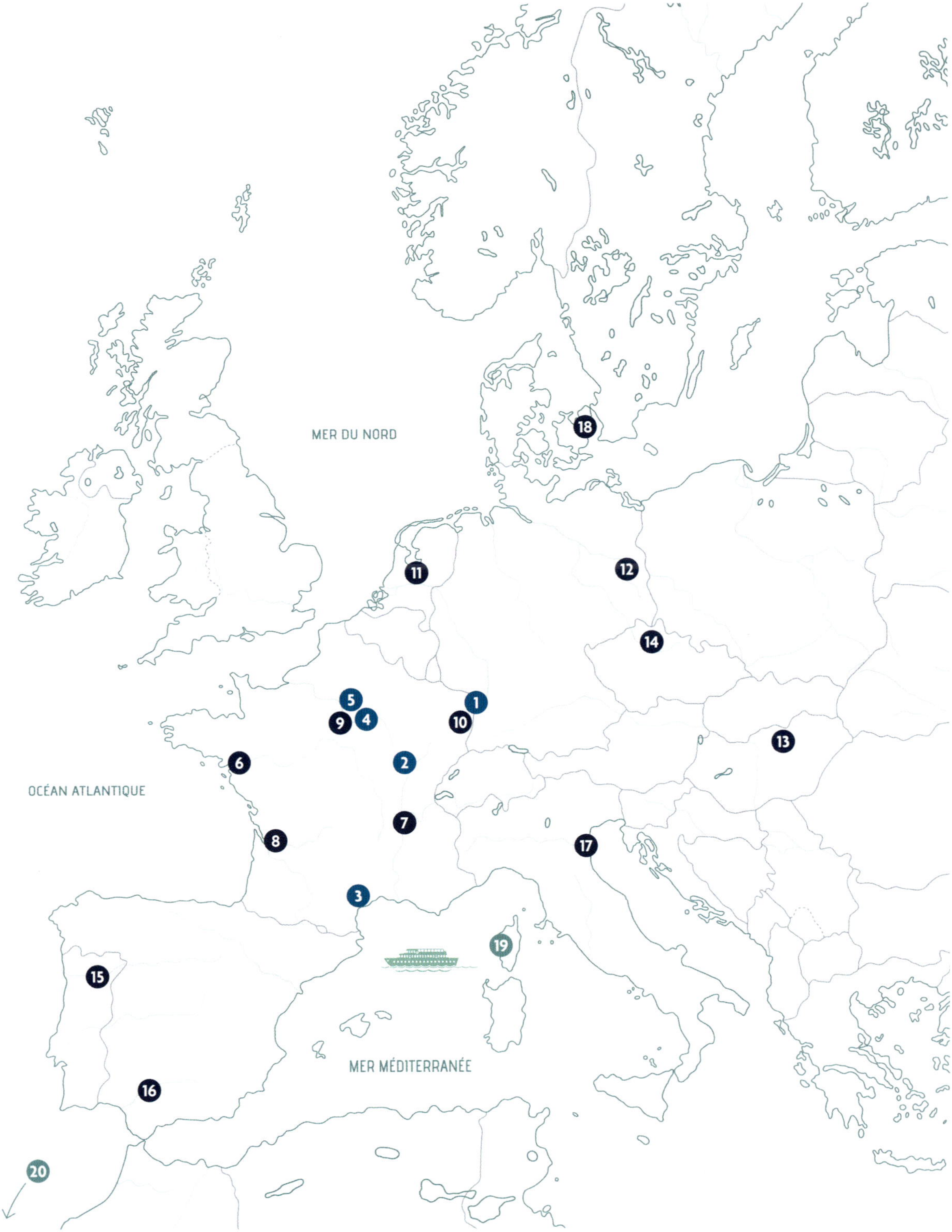
MER DU NORD
OCÉAN ATLANTIQUE
MER MÉDITERRANÉE
1
2
3
4
5
6
7
8
9
10
11
12
13
14
15
16
17
18
19
20

Sommaire

Partir en croisière...

Vingt expériences pour voyager autrement sur canaux, fleuves et aux abords des côtes

Partir en croisière, c'est choisir de découvrir un autre mode de tourisme vertueux. Plus responsables et plus écologiques, les bateaux de petite capacité respectent les enjeux environnementaux déterminants pour l'avenir. Découvrir une région depuis un canal, un fleuve ou une mer, c'est aussi décider de larguer les amarres en lâchant prise. Le rythme lent de la navigation et le calme bénéfique des flots opèrent tout en douceur sur nos esprits. La détente profonde est au rendez-vous. Les esprits dégagés sont libres et apaisés, ouverts pour apprécier, admirer, rêver, profiter dans une ambiance agréable au fil de l'eau. L'instant, propice à la rêverie ou à la méditation, se savoure pleinement dans un transat sur le pont soleil. Apprivoiser un terroir depuis son cours d'eau et le découvrir, c'est aussi avoir une perspective des vues panoramiques imprenables à 360 degrés. Du lever de soleil au coucher, la faune et la flore se révèlent dans toute leur splendeur. Les paysages qui défilent s'offrent aux regards éblouis, se métamorphosant au gré de la lumière et du temps. Tels des tableaux de maître, ils nourrissent nos imaginaires et enrichissent nos mondes intérieurs. En écho à ce merveilleux spectacle de la nature, à bord, la courtoisie et la convivialité sont de mise. Partir en croisière, c'est opter pour un certain art de vivre. Un *modus vivendi* où de belles valeurs ont leur place et favorisent la rencontre et l'échange bienveillant. L'équipage à l'écoute y participe activement en toute discrétion. Les repas savoureux qui rythment la journée font partie de ce rite hédoniste où il fait bon retrouver ses compagnons de croisière pour partager ses ressentis et ses impressions du jour. Après le dîner, des programmes d'animation variés peuvent être proposés : soirée dansante, spectacle folklorique, conférence culturelle, ambiance musicale, grande soirée de gala... À déguster selon son goût ou son envie. Lieu de repli chaleureux où se poser ou se retrouver, les cabines élégantes, disposant de tout le confort, sont l'écrin idéal pour se ressourcer grâce à leur fonctionnalité et leurs larges baies vitrées, toutes avec vue extérieure sur le fleuve et ses rives.

Si le premier prétexte de la croisière est de naviguer, le second est de s'enrichir culturellement au gré des escales qui réservent bien des surprises. Un grand nombre de sites choisis sont répertoriés au Patrimoine mondial de l'Unesco, véritable référence en la matière. À chaque arrêt du bateau, au moins une excursion est organisée en collaboration avec des guides passionnés, soucieux de valoriser les trésors de leur patrimoine. Sans obligation bien sûr, le vacancier est libre de visiter par lui-même la région ou de rester tranquille à bord. Souvent, lors de ces sorties, des dégustations gourmandes sont organisées pour permettre aux bons vivants gourmets de se régaler des spécialités locales traditionnelles. Qu'il fait bon se sentir pris en charge, de glisser sur les flots, laissant libre cours à son imagination.

Sur l'eau, un phénomène étrange survient : le temps s'étend voire s'étire, comme par magie et devient relatif et modulable. Dans ce monde clos et préservé, au rythme doux de la navigation, la sérénité s'invite à bord pour nimber l'atmosphère et les passagers de sa grâce paisible.

Outre ces nombreux avantages, un autre atout de taille est fort apprécié des croisiéristes : vos valises vous suivent d'escale en escale, et cela est d'un confort absolu. Pour choisir la destination qui vous sied, naviguez au fil des pages qui suivent pour découvrir vingt évasions sur les canaux, les fleuves et les mers, en France et en Europe.

Sur la terrasse du *Vivaldi*, sur le Danube.

Comment bien préparer sa croisière ?

C'est une question essentielle que l'on doit se poser pour réussir son évasion au fil de l'eau. Les opérateurs du tourisme sont habilités à vous accompagner pour ne rien oublier et sont là pour répondre à toutes vos questions.

Vous disposez également d'un livret explicatif détaillé lorsque vous recevez votre carnet de bord (à ne pas oublier) avec tous vos vouchers. Si vous vous rendez par vos propres moyens sur place, consultez bien le plan de situation qui vous est envoyé avec vos documents de voyage. Toutefois, si vous avez le moindre souci, vous pouvez joindre par téléphone le commissaire du bateau pour vous faire aider grâce au numéro qui figure sur vos documents de réservation.

Avant tout, il vous faut penser à l'aspect administratif et prendre avec vous, votre pièce d'identité, c'est-à-dire carte nationale d'identité ou passeport, selon la destination visitée, valide six mois après la date de départ. Il faut également vous renseigner s'il vous faut un visa ou pas. L'autre sujet important à ne pas négliger est l'aspect médical. Pour votre confort, il vous faut emporter vos médicaments

ainsi que les ordonnances correspondantes, et surtout les prendre avec vous dans vos bagages accompagnés, sachant que la contenance de 100 millilitres ne doit pas être dépassée en avion. Bien sûr, votre carte Vitale française ou européenne sera du voyage pour partir en toute sérénité. Éventuellement, si vous avez un suivi médical, prenez votre dossier avec vous, c'est plus sûr. En cas de problème, le commissaire de bord se chargera de joindre le docteur de garde ou l'équipe d'urgence de l'appontement le plus proche. Ce qui est rassurant, c'est de savoir que l'agent de voyage vous prend d'emblée une assurance avec assistance rapatriement dès que vous réservez votre croisière. Il vous sera également possible de souscrire une complémentaire multirisques voyage.

Maintenant il va également vous falloir penser à vos vêtements en tenant compte de deux critères essentiels : la saison et l'hémisphère de votre destination. Sachant que, de plus en plus, le climat est perturbé et qu'il nous faut subir les caprices du temps, le plus sage est de prévoir pour le chaud comme pour le froid.

Cyclocroisière sur l'Oise.

Comme imaginer, c'est anticiper, prévoyez des affaires très légères, plus couvrantes, chaudes voire très isolantes et imperméables en cas de coup de vent, de pluie ou de grand froid. Misez sur le confort pour vous sentir bien ! N'oubliez pas coupe-vent, écharpe légère ou épaisse, chapeau de soleil, casquette, parapluie et lunettes de soleil. En parallèle à vos tenues sportswear pour le quotidien lors des excursions, n'hésitez pas à glisser dans votre valise, une ou deux tenues plus habillées. L'élégance aime s'inviter à bord, lors des soirées et en particulier pour celle de gala, en toute fin de croisière. Côté loisir, si tout est prévu avec des animations, emmenez avec vous un livre de chevet, des magazines ou des mots croisés que vous pourrez apprécier dans votre cabine ou sur le pont soleil, lors de la navigation.

Une dernière chose... pour bien préparer votre croisière, il est conseillé de lire attentivement tous les documents envoyés dans votre carnet de voyage, qui vous renseignent à la fois sur la vie à bord, sur les excursions et sur la navigation. Et il faut noter un ultime détail qui a son importance : avant de partir, étiquetez bien votre valise avec votre nom et votre numéro de cabine, ainsi lorsque vous embarquerez, les matelots prendront soin d'apporter directement vos bagages dans votre cabine.

L'*Infante de Henrique*, sur le Douro.

Qu'il est bon de prendre le temps de découvrir notre douce France depuis les ravissants canaux qui la sillonnent pour être au plus proche de la nature et des villages. Canal du Rhône, canaux de Bourgogne, canaux d'Alsace, de la Marne, de Provence ou de Camargue… Chacune de ces destinations possède un caractère singulier et toutes ont leur charme authentique. À vivre en petit comité, la croisière en péniche est idéale pour bien profiter du voyage. Des vélos embarqués permettent de profiter des chemins de halage lors des escales.

Saint-Leu-d'Esserent.

CANAUX DE FRANCE

Le canal de la Marne au Rhin

De Strasbourg à Lagarde

Strasbourg – Waltenheim – Saverne – Lutzelbourg – Xouaxange – Lagarde

Le canal de la Marne au Rhin se découvre à bord d'une péniche intimiste qui parcourt l'Alsace et la Moselle en révélant leurs charmes authentiques. Au départ de Strasbourg, célèbre capitale de l'Europe à l'architecture préservée, jusqu'au charmant village de Lagarde, situé au cœur du parc naturel régional de Lorraine, les escales à Waltenheim, Saverne, Lutzelbourg, Xouaxange livrent un patrimoine riche, haut en couleur et décryptent une histoire singulière.

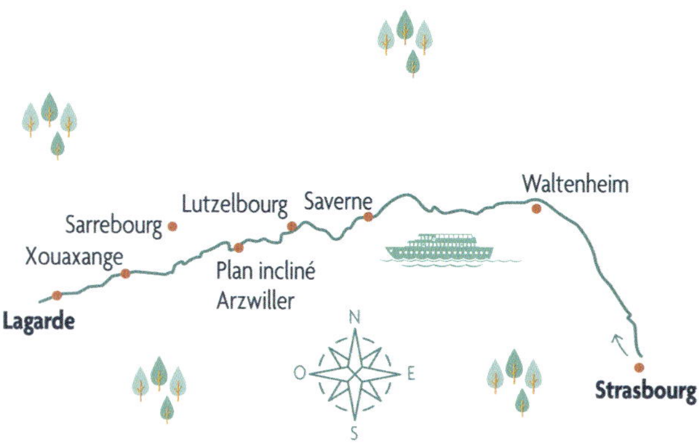

Le canal à Saverne.

JOUR 1
Strasbourg

Embarqués en fin d'après-midi à Strasbourg, après l'installation dans leur cabine, les passagers échangent autour d'un verre et découvrent les membres de l'équipage. Les contacts se nouent naturellement augurant d'une ambiance chaleureuse à bord. Dans la soirée, il est possible de profiter d'un bateau-mouche pour découvrir la capitale européenne depuis l'Ill, la rivière qui la traverse.

MUSTS

- Strasbourg en bateau-mouche
- Le Kochersberg
- La villa Meteor
- Le château du Haut-Barr
- Le château de Lutzelbourg
- Le parcours Chagall de Sarrebourg

INFOS PRATIQUES

- Tout public
- Toutes saisons

Rendez-vous à Strasbourg, à la découverte des berges de l'Ill !

Strasbourg, port d'attache de bateaux et péniches.

LE VIEUX STRASBOURG EN BATEAU-MOUCHE

Rendez-vous à l'embarcadère avec le bateau vedette et départ pour une promenade découverte de la ville et de ses trois quartiers emblématiques : celui de la cathédrale avec ses hôtels particuliers du XVIe siècle ; le quartier Gutenberg qui fut le centre d'activité économique de la cité médiévale et la fameuse « Petite France », quartier célèbre et cher aux Strasbourgeois, avec ses canaux, ses charmantes demeures de tanneurs traditionnelles et colorées, et ses ruelles étroites. La promenade mène au cœur du Strasbourg classé Patrimoine mondial de l'Unesco.

Strasbourg. La Petite-France, l'un des plus beaux quartiers de la ville.

Les toits pentus de magnifiques maisons à colombages du XVIe siècle s'ouvrent sur des greniers où séchaient autrefois les peaux. Totalement détruite durant la Seconde Guerre mondiale, la Petite France a été entièrement reconstruite à l'identique, retrouvant notamment le charme de ses nombreux ponts. Après la défaite française de 1870, l'Allemagne projetait de faire de Strasbourg la capitale du Reichsland d'Alsace-Lorraine. Le coup d'envoi de cette transformation de la cité est donné avec la construction du quartier appelé « Nouvelle Ville » ou Neustadt, qui installe un nouvel urbanisme avec des voies de circulation larges. Enfin, non loin de là, voici le « quartier européen » né après l'installation à Strasbourg en 1949 du Conseil de l'Europe puis du Parlement européen. Achevé en 1999, ce superbe bâtiment circulaire accueille les sessions mensuelles de cette institution tandis que le palais des Droits de l'homme abrite la Cour européenne des droits de l'homme.

J. 2
De Strasbourg à Waltenheim

En matinée, savourez le plaisir de la navigation. La péniche poursuit sa route jusqu'à Waltenheim-sur-Zorn. L'après-midi, un arrêt à terre permettra de visiter la région du Kochersberg, jadis le « grenier à blé de Strasbourg ». Vastes champs ondoyants à perte de vue, grands corps de fermes et maisons typiques à colombages rythment la découverte bucolique. Une autre halte est possible à la maison du Kochersberg et à la villa Meteor, la plus ancienne brasserie de France, où peut se déguster une bière unique…

LA VILLA METEOR

Quatre siècles d'histoire ont fait de la Brasserie Meteor le plus ancien site brassicole de France. Depuis huit générations, la famille Haag brasse des bières de caractère, tout en agissant pour l'environnement et en partageant avec les amateurs la passion de cette noble activité. À travers les témoignages et les histoires des hommes qui « font » ce beau métier, les croisiéristes sont invités à vivre une expérience unique dans un site fabuleux où ils découvrent toutes les étapes et les outils de la fabrication de la bière Meteor, des anciennes machines aux nouvelles technologies.

LE KOCHERSBERG

Si Strasbourg est une magnifique maison, le Kochersberg en est le beau jardin.
Un beau jardin fertile et vivifiant, un territoire riche et fertile d'une superficie d'environ 137 km², aux portes de Strasbourg dont on peut littéralement apercevoir la cathédrale. Le Kochersberg est, entre autres, le berceau de la "Tarte Flambée" ou "*flammekueche*". Cette savoureuse spécialité, née probablement dans le courant du XVIIIe siècle, est un mélange de pâte à pain, crème fraîche épaisse ou fromage blanc, lardons fumés et oignons émincés. Elle est ensuite cuite trois minutes à 300 °C.
Mais cette belle région, surnommée le "grenier à blé" de Strasbourg, est également réputée pour ses élevages, ses cultures de tabac, ses plantations de fraises, de courgettes, d'artichauts, d'asperges… un petit paradis vert !

À Truchtersheim, le « Petit Monaco du Bas-Rhin », riches et anciennes demeures cohabitent.

J. 3
De Waltenheim à Saverne

La navigation se poursuit jusqu'à Saverne. L'arrivée y est prévue après le déjeuner. Légèrement sinueux ou parfois en ligne droite, le canal traverse villages, champs et forêts, laissant apercevoir au loin les premiers sommets des Vosges. En début d'après-midi, visite du château du Haut-Barr, ce vestige médiéval du XIIe siècle qui occupe une position stratégique entre le plateau lorrain et la plaine d'Alsace. La vie coule, agréable où il fait bon se ressourcer au rythme de l'eau.

Le château du Haut-Barr surnommé l' « Œil de l'Alsace » et sa vue spectaculaire sur la plaine et les Vosges.

LE CHÂTEAU DU HAUT-BARR

Situé à 470 m d'altitude, le château du Haut-Barr, surnommé « l'œil de l'Alsace » pour la vue spectaculaire qu'il offre sur la plaine d'Alsace et les Vosges, se dresse sur trois grands rochers reliés entre eux par une passerelle, dont on prétend que le Diable lui-même l'aurait construite. Pour tout paiement, il aurait demandé l'âme du premier pèlerin qui le franchirait. Les évêques eurent alors l'idée de faire passer un chien afin de ne pas sacrifier une pauvre âme. Le Malin, furieux de ce stratagème, aurait alors martelé le pont de ses sabots pour le faire céder… Mais en vain, il résista, d'où son surnom de « pont du Diable ». Un réseau d'escaliers conduit également jusqu'aux hauteurs du château. De l'édifice d'origine érigé au XIIe siècle, il reste un logis seigneurial et une chapelle romane consacrée à saint Nicolas. Le château a ensuite fait l'objet d'agrandissements au XVIe siècle. Il en subsiste les murs et les remparts.

J. 4
De Saverne à Lutzelbourg

Prévue en matinée, la visite guidée de Saverne au pied des Vosges vaut vraiment le détour. Lieu de résidence des évêques de Strasbourg, cette cité fondée à l'époque romaine garde les traces d'un passé mouvementé à travers son architecture. Le château des Rohan, surnommé autrefois « le Petit Versailles alsacien », sa grand-rue typique avec la fontaine de la Licorne, gardienne et symbole de la ville, la maison Katz et ses colombages, l'église Notre-Dame et sa tour porche du XIIe siècle et l'ancien couvent des Récollets, autant de trésors à admirer… L'après-midi, départ vers Lutzelbourg. Traversant les forêts, le canal coule sereinement au rythme de la nature, ponctué de quelques passages d'écluses. À l'arrivée, une promenade nous mène au château de Lutzelbourg, véritable sentinelle de grès rose surplombant le village depuis le XIe siècle offre un magnifique panorama à 360 degrés sur toute la vallée.

LE CHÂTEAU DE LUTZELBOURG

Vers 930, les abbés de Marmoutier, qui possédaient le village, y bâtirent une forteresse. Pierre de Falkenstein s'empara du château au XIIe siècle et prit le titre de sire de Lutzelbourg. Par la suite, nombre de seigneurs y régnèrent. Au XVIe siècle, il devint le repaire d'un célèbre brigand Franz Sickingen. Le landgrave de Hesse et les électeurs palatins de Trêves vinrent à bout de la forteresse en 1523. Classée aux Monuments historiques, la bâtisse est érigée sur un promontoire rocheux et domine la cité de plus de 320 m de hauteur. Aujourd'hui en ruine, Lutzelbourg possède cependant encore une grande tour carrée du XIIe siècle, haute de 24 m et présentant des murailles de plus de 2,40 m d'épaisseur. Restauré en 1900 par le propriétaire des lieux, un médecin strasbourgeois qui fit redresser quelques murs et édifier une maison néo-romane à son usage, il appartient depuis 1978 à la commune.

Le château de Lutzelbourg et sa grande tour carrée du XIIe siècle, haute de 24 m, qui domine le paysage.

L'incroyable plan incliné d'Arzviller permet de hisser les péniches.

LE PLAN INCLINÉ D'ARZVILLER

Véritable ascenseur à bateaux, il permet la traversée des Vosges. Cet ouvrage impressionnant remplace un chapelet de dix-sept écluses qui se succédaient sur 4 km et demandaient une journée de navigation. Réalisé dans les années 1960, il permet de hisser une péniche de plusieurs centaines de tonnes en seulement quatre minutes.

J. 5 De Lutzelbourg à Xouaxange

Caractéristique de la région, l'activité des métiers du verre est très ancienne en Lorraine. Une visite de la cristallerie et faïencerie d'Arzviller propose un savoir-faire exceptionnel transmis de génération en génération au sein de la famille Lehrer. Les secrets du soufflage et la taille de verre sont révélés par des artisans passionnés par leur métier. La péniche abordera ensuite le fameux plan incliné, véritable prouesse technique.

LA CRISTALLERIE LEHRER

Située près du rocher de Dabo, la cristallerie Lehrer est une étape incontournable en Moselle. Cette entreprise familiale séduit de plus en plus de touristes, passionnés par les incroyables démonstrations de ses verriers... Voici plus de quarante ans, séduits par la richesse du patrimoine touristique du plan incliné de Saint-Louis Arzviller, la famille Lehrer fait construire une nouvelle cristallerie qui regroupe des artisans souffleurs, tailleurs ainsi que des graveurs forts d'une grande expérience dans le domaine. Afin de développer encore leur activité, les Lehrer accueillent les visiteurs qui désirent en savoir plus sur la fabrication du cristal. Pour ce faire, la cristallerie ouvre ses portes et propose des démonstrations réalisées par les artisans verriers.

J. 6

De Xouaxange à Lagarde

La navigation se poursuit toute la matinée pendant 22 km, à 5 km/h, et permet de voir de jolis paysages du plateau lorrain. Après les derniers jours bien remplis, c'est le temps de la détente et de la rêverie. La succession de lacs artificiels créés pour alimenter le canal est un vrai spectacle, suivi d'une halte impressionnante à l'écluse de Richecourt. Dans l'après-midi, départ pour la visite du parcours Chagall à Sarrebourg et, notamment, de la chapelle des Cordeliers où l'art de ce peintre de la « surréalité » s'exprime à merveille. Cette œuvre, nimbée de sacré, s'inspire de la tradition juive qui a baigné l'enfance de l'artiste. Dans la chapelle rayonne l'un des plus beaux vitraux jamais réalisés par Chagall, une œuvre exceptionnelle qui transfigure ce monument du XIIIe siècle.

LE PARCOURS CHAGALL DE SARREBOURG

Chagall est à l'honneur à Sarrebourg avec un parcours découverte de l'artiste entre la chapelle des Cordeliers et le musée. Point de départ la chapelle des Cordeliers construite au XIIIe siècle et qui constitue un élément fort du patrimoine de la ville. La pièce maîtresse de ce parcours est le vitrail de 12 m de haut et 900 kg, façonné par Charles Marq à partir du dessin de Chagall intitulé « la Paix ». Plusieurs vitraux latéraux sont également à découvrir dans l'enceinte. De la chapelle, le visiteur pénètre dans le jardin où il peut écouter interviews et poèmes du maître. La promenade se conclut au musée devant une pièce exceptionnelle : la plus grande tapisserie de Chagall, également nommée *La Paix*, transposée par le maître d'œuvre Yvette Cauquil-Prince et acquise en 1994 par la ville de Sarrebourg.

La chapelle des Cordeliers à Sarrebourg recèle en son sein le superbe vitrail signé Chagall.

Le port fluvial de Lagarde et ses berges ombreuses.

Une navigation à la fois paisible et spectaculaire, entre nature et culture.

ADRESSES UTILES

- Office de tourisme de Strasbourg
+33 (0) 3 88 52 28 28
https://www.visitstrasbourg.fr
- Office de tourisme de Saverne
+33 (0) 3 88 91 80 47
https://www.tourisme-saverne.fr
- Office de tourisme de Xouaxange
+33 (0) 3 87 25 07 31
- Office de tourisme de Lagarde
+33 (0) 3 87 86 69 27
- Office de tourisme de Waltenheim
+33 (0) 3 88 51 62 73
- Office de tourisme de Sarrebourg
+33 (0) 3 87 03 11 82
- La villa Meteor
+33 (0) 3 88 02 22 44
https://www.brasserie-meteor.fr/fr/villa-meteor

Les canaux de Bourgogne

De la Saône et du Centre

Dijon – Longecourt-en-Plaine – Saint-Jean-de-Losne – Chalon-sur-Saône – Chagny – Santenay – Saint-Léger-sur-Dheune

Ce bel itinéraire de Dijon à Saint-Léger-sur-Dheune invite à la découverte d'une des plus charmantes régions de France. La Bourgogne avec ses vallées verdoyantes, ses collines ondoyantes et ses célèbres coteaux offre une douceur de vivre bucolique à savourer sans retenue. Haut lieu vinicole, son terroir cultive avec talent l'art de la gastronomie en pleine harmonie avec ses grands vins.

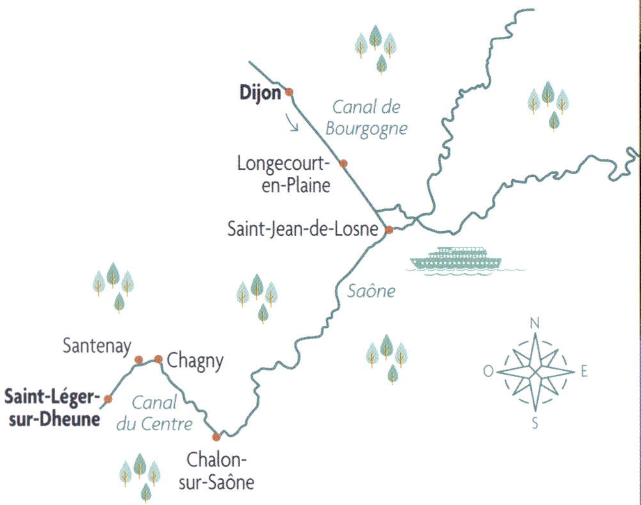

En Bourgogne pour une balade passionnante.

DANIELE

MUSTS

- Dijon, la cité des Ducs, capitale de la Bourgogne et de la gastronomie
- Circuit des grands crus de Bourgogne
- Le musée de la Batellerie
- Chalon-sur-Saône
- Le cirque du Bout du Monde, site naturel exceptionnel

INFOS PRATIQUES

- Tout public
- L'automne et les vendanges peuvent être des périodes à privilégier

Dijon, cité de la gastronomie, et ses ruelles médiévales.

JOUR 1

Dijon

Avant d'embarquer, le voyageur peut profiter des richesses architecturales de Dijon. Dès l'arrivée, l'accueil de la commissaire de bord, chaleureux et agréable, met les vacanciers tout de suite à l'aise. Ce premier contact augure des perspectives de partage et d'échange dans les meilleures conditions. Après s'être installé dans leur cabine, il est possible aux plaisanciers de prendre un vélo embarqué pour découvrir le chemin de halage.

Dijon. Les ors et merveilles du palais des ducs de Bourgogne, ancienne résidence du célèbre Charles le Téméraire.

DIJON, LA CITÉ DES DUCS

Sous le règne des ducs, au Moyen Âge, ces derniers étaient plus puissants que le roi de France. Et surtout, beaucoup plus riches. Dijon a même failli, pendant les guerres entre Armagnacs, partisans du roi Charles VII et Bourguignons, zélateurs de Philippe le Bon (le Brave), devenir la capitale du royaume ! Les ducs étaient alors fort impressionnants. En témoignent leurs surnoms : Philippe le Hardi, dernier fils du roi Jean II de France ; son héritier, Jean sans Peur ; Philippe le Bon et le dernier, Charles le Téméraire. Avec lui s'achèvera la querelle entre France et Bourgogne. Mais, vaincu par Louis XI, le Téméraire aura sa revanche. Sa fille unique, Marie, épousera un Habsbourg déplaçant le conflit de Dijon à Vienne. Le palais des ducs et des états de Bourgogne est encore aujourd'hui le plus beau vestige de cette gloire passée. Classé Monuments historiques en 1862, il abrite aujourd'hui l'hôtel de ville et le musée des Beaux-Arts.

Le Clos de Vougeot, terre où s'épanouit ce vin subtil et généreux, l'une des plus grandes gloires du terroir bourguignon.

J. 2
Dijon — Longecourt-en-Plaine

Au petit matin, les matelots lèvent l'ancre. L'embarcation se met en route et se dirige vers Longecourt-en-Plaine ; la destination sera atteinte en quelques heures. Située à 17 km au sud-est de Dijon, cette petite localité de la Côte-d'Or fait partie du bassin de la Vouge, une rivière qui prend sa source à Vougeot et se jette dans la Saône à Esbarres. Alors que la proue du bateau dessine un joli sillon dans les reflets de l'eau, l'heure est, pour les croisiéristes matinaux, à l'observation de cette nature verdoyante. Après le déjeuner, c'est le moment de partir découvrir la fameuse route des grands crus de Bourgogne avec ses appellations mondialement connues telles que le Clos de Vougeot.

J. 3
Longecourt-en-Plaine — Saint-Jean-de-Losne

Une fois encore, la matinée se déroule en navigation douce vers Saint-Jean-de-Losne où se trouve le musée de la Batellerie. La cité a été l'un des ports fluviaux les plus importants de France grâce à sa situation stratégique au confluent de la Saône et du canal de Bourgogne. De nombreuses traces d'un passé glorieux sont bien visibles encore dans cette petite commune de 1020 âmes, ce qui en fait sa véritable richesse. Mais avant de découvrir tout cela, l'heure est à la rêverie pendant que la péniche avance à un rythme paisible sur ce canal historique plein de charme.

Saint-Jean-de-Losne, ancienne capitale de la batellerie, à la croisée de la Saône et du canal de Bourgogne.

LE MUSÉE DE LA BATELLERIE

Situé au centre-ville, le musée de la Batellerie propose de partir en voyage dans ses trois salles d'expositions, par le biais de maquettes, photos, objets et instruments d'époque. Saint-Jean-de-Losne fut en effet un grand centre de batellerie jusqu'au début du XXe siècle. Des passionnés ont décidé de retracer cette histoire à travers trois salles installées dans une des plus anciennes maisons de Saint-Jean-de-Losne, du XVe siècle, construite en torchis et en brique... Dans l'escalier, une Vierge bourguignonne du XIVe siècle vous accueille. La simplicité des lieux ouvre les portes du rêve au milieu d'objets, de gravures, de documents qui font revivre deux siècles d'histoire sur la navigation. Ici, vous saurez tout de la vie des mariniers et de la batellerie grâce à des photographies, des maquettes et toutes sortes d'objets du quotidien qui vous narreront cette histoire exceptionnelle...

J. 4

Saint-Jean-de-Losne — Chalon-sur-Saône

Le port de plaisance de Chalon-sur-Saône.

Le long du canal c'est un véritable spectacle enchanteur animé par une nature préservée. À chaque passage d'écluse, les matelots appliqués s'affairent pour les manœuvres, un spectacle qui intrigue et intéresse le voyageur. Une fois arrivés à bon port, le déjeuner sera servi avant de partir à la découverte de Chalon-sur-Saône, dont le port de plaisance, idéalement équipé, est estampillé « Pavillon bleu », label qui récompense la volonté de développement durable menée de façon permanente.

CHALON-SUR-SAÔNE

Architecturalement, Chalon est un régal pour les yeux ! Son centre-ville regorge de maisons à colombages, de tours et tourelles, de fortifications et bastions du XVIe siècle, sans oublier, bien sûr, la magnifique cathédrale Saint-Vincent. Ici sont nés de grands hommes qui ont marqué leur siècle, comme Nicéphore Niepce, l'inventeur de la photographie ou Vivant Denon, graveur, écrivain, diplomate et administrateur français. Devenu directeur général des musées, il s'est illustré par l'organisation qu'il a faite du musée du Louvre et par son regard audacieux sur l'art. Émiland Gauthey, ingénieur et architecte qui conçut le canal du Centre, le pont de Navilly, celui de Gueugnon ou encore l'église Saint-Pierre-et-Saint-Paul de Givry, non loin de là. La cathédrale Saint-Vincent, siège de l'ancien diocèse de Chalon-sur-Saône, est en fait constituée d'un ensemble de bâtiments : outre la cathédrale proprement dite, on y trouve l'ancien évêché, le cloître et les maisons de chanoines. Édifiée à partir de 1090 dans le style roman, la cathédrale se caractérise aujourd'hui par une élévation gothique et une façade néo-gothique. Son plan simple est composé de trois vaisseaux, d'un chevet sans déambulatoire et de chapelles latérales.

Chalon-sur-Saône. La place Saint-Vincent où trône la splendide cathédrale gothique dédiée au patron des vignerons, particulièrement célébré en Bourgogne.

J. 5
Chalon-sur-Saône — Chagny

Pour se rendre à Chagny dès le petit matin, la péniche va emprunter le canal du Centre, très prisé des pêcheurs et des plaisanciers qui apprécient l'art de vivre et de se reposer dans ce havre de paix. En observant de près les rives, on peut voir l'EuroVélo 6, une voie verte réservée aux vélos le long du chemin de halage. Dès l'arrivée au port, partir à bicyclette en toute liberté est tentant pour les plus sportifs, alors que d'autres préféreront marcher en plein cœur des vignobles de Bourgogne ! Dans l'après-midi, il est possible d'apprécier le cirque du Bout du Monde culminant à 530 m d'altitude.

Le canal du Centre à Chagny.

LE CIRQUE DU BOUT DU MONDE

Dans ce site unique naturel en Bourgogne classé Natura 2000, vous pourrez découvrir les majestueuses falaises de calcaire creusées par la rivière de Cozanne qui ont formé un cirque où naît une cascade de 25 m de hauteur. Vous poursuivrez ensuite en car en direction du mont de Sène, ou montagne des Trois Croix, ancien lieu de culte celte qui surplombe le vignoble de Santenay à 521 m. Classé « parc naturel » et caractérisé par ses plantes rustiques et arbustes sauvages, il offre un panorama remarquable sur les principaux sommets et paysages vallonnés aux alentours : les vignobles de la côte de Beaune, la vallée de la Saône, le Morvan, le Jura et les Alpes.

La cascade de 25 m de hauteur du cirque du Bout du Monde, creusée par la rivière Cozanne dans les majestueuses falaises.

J. 6

Chagny – Santenay – Saint-Léger-sur-Dheune

En cet avant-dernier jour de croisière, pour se rendre en fin de matinée à Santenay puis, dans l'après-midi, à Saint-Léger-sur-Dheune, la navigation se fait en deux temps. D'abord, la péniche emprunte le canal du Centre appelé également canal du Charolais, qui relie les vallées de la Loire et de la Saône, puis elle glisse doucement, à son rythme, vers sa destination finale. À bord, les passagers comblés par cette expérience rare au fil de l'eau regrettent déjà de devoir bientôt débarquer. Mais avant, la soirée réserve encore un grand moment de partage pour clore cette parenthèse enchantée. Le retour sur Dijon se fait en autocar.

Le joli toit aux tuiles vernissées du château de Santenay.

Santenay, village viticole devenu station thermale au XIXe siècle, ce qui lui vaut depuis lors le surnom de « ville de l'eau et du vin ».

ADRESSES UTILES

- Office de tourisme de Dijon
https://www.destinationdijon.com
+33 (0) 3 80 44 11 44
- Office de tourisme de Chalon-sur-Saône
https://www.achalon.com
+33 (0) 3 85 48 37 97
- Office de tourisme de Santenay
https://www.beaune-tourisme.fr/explorer/villages-autour-beaune/top-villages-incontournables/santenay
+33 (0) 3 80 20 63 15
- Office de tourisme de Saint-Jean-de-Losne
https://www.saone-tourisme.fr
+33 (0) 3 80 37 15 70

Saint-Léger-sur-Dheune, traversé par le cours de la Dheune et par le canal du Centre, qui relie les vallées de la Loire et de la Saône.

Le canal du Rhône et la Provence

De Sète à Arles

Sète – Palavas-les-Flots – Aigues-Mortes – Gallician – Arles

Au fil du canal du Rhône de Sète à Arles, la Provence et la Camargue se dévoilent sous un angle des plus surprenants. Ces deux superbes régions invitent à la contemplation, tant par leur histoire que par la nature exubérante et généreuse qui les caractérise. De Sète vers Arles, il fait bon se laisser porter d'escale en escale, à la découverte de la douce Provence et de la Camargue sauvage.

Le canal du Rhône au cœur de la Camargue.

ANNE-MARIE

JOUR 1
Sète

MUSTS

- Sète, joyau de la côte méditerranée
- L'étang de Thau
- Traditions camarguaises dans une manade
- Les beautés sauvages de la Camargue
- Arles, labellisée « Ville d'art et d'histoire » et inscrite au Patrimoine mondial de l'Unesco

INFOS PRATIQUES

- Tout public
- Privilégier le printemps et l'automne : moins de chaleur, moins de moustiques

Une fois embarqués en fin d'après-midi et installés dans leurs cabines, les croisiéristes sont invités au cocktail de bienvenue pour la présentation de l'équipage. C'est le moment de découvrir la péniche, ainsi que ses compagnons de voyage. Le premier soir, ceux qui le souhaitent peuvent envisager une petite marche digestive, la péniche étant ancrée en plein cœur de Sète. D'autres s'installent dans les transats sur le pont et profitent de la douceur du climat. Avant de partir en navigation le lendemain, la visite de Sète s'impose.

Sète. Le phare du môle Saint-Louis. La jetée fut le premier ouvrage construit lors de la fondation de la ville en 1666.

SÈTE, JOYAU DE LA MÉDITERRANÉE

Premier port de pêche de la Méditerranée, elle possède d'ailleurs une criée renommée, Sète, cité radieuse baigne dans une atmosphère conviviale et sympathique. La lumière de ses bassins et ses ruelles typiques où il fait bon flâner lui valent le surnom de Venise du Languedoc, c'est tout dire ! Les rythmes du Sud donnent le tempo au quotidien de cette ville surprenante. Entre spécialités locales savoureuses et création culturelle trépidante, Sète regorge de trésors. Son centre historique, son port, le fameux Cadre Royal, ses plages, le mont Saint-Clair ou encore le quartier de la Pointe-Courte, il y a ici tant de choses à explorer… Fondée en 1666 par Louis XIV afin de permettre une ouverture maritime au canal du Midi, Sète se dévoile le temps d'une promenade dans le centre historique, et notamment près du Cadre Royal, anciennement baptisé canal Royal. Vous voici à présent sur le port de pêche. Devenu le plus grand de la Méditerranée française, c'est également à Louis XIV qu'on le doit. Promenez-vous sur les quais, admirez les chalutiers, regardez les marins qui déchargent leurs marchandises et jetez aussi un œil, en face, sur le port de plaisance de Sète qui lui fait face. Vos pas vous mèneront bientôt jusqu'aux halles. Un marché quotidien qui invite gourmands et gourmets à déguster sur place les délicieux produits locaux…

Sète, la ville de Brassens et d'Agnès Varda, bordée par les eaux salées de l'étang de Thau.

L'étang de Thau vu depuis le mont Saint-Clair.

J. 2
L'étang de Thau et Saint-Guilhem-le-Désert

Dès le matin, les croisiéristes ont hâte de partir en excursion à la découverte de la région. Direction l'étang de Thau, un site original qui vaut le détour, afin de s'oxygéner et de s'émerveiller. Le retour à la péniche est prévu à l'heure du déjeuner avant de repartir en début d'après-midi pour la visite de Saint-Guilhem-le-Désert, situé sur le chemin de Saint-Jacques-de-Compostelle.

L'ÉTANG DE THAU

De Sète à Marseillan, une fine langue de terre sépare la lagune de Thau des plages de la Méditerranée. Véritable mer intérieure, le plus grand plan d'eau d'Occitanie vous offre toutes ses richesses : huîtres de Bouzigues, vins délicieux, petits ports de pêche, loisirs nautiques, patrimoine bâti... L'étang de Thau baigne dans une ambiance douce, au sein d'une nature préservée. Sans équivalent en Europe, ce milieu naturel possède une exceptionnelle diversité écologique qui permet à plus de 400 espèces végétales et 100 espèces animales d'y prospérer. Une visite du musée vous permettra de vous familiariser avec les activités principales des riverains comme l'élevage des huîtres et des moules, et la pêche. À l'issue de la visite, une dégustation de coquillages commentée vous sera proposée.

SAINT-GUILHEM-LE-DÉSERT

Situé à l'entrée des gorges de l'Hérault, au lieu-dit le « gouffre noir », le pont du Diable, vieil édifice roman parmi les plus anciens de France, long de 50 m et doté de deux arches principales, a été bâti au XIe siècle. Il enjambe le fleuve en son point le plus resserré et trône, majestueux, sur l'Hérault dont il verrouille l'entrée des gorges. Au-delà, voici Saint-Guilhem-le-Désert, pause charme de votre séjour ! Étape spirituelle sur le chemin de Saint-Jacques-de-Compostelle, la petite cité médiévale fait partie des « Plus beaux villages de France ». Visitez l'abbaye de Gellone, joyau de l'art roman languedocien, classée au Patrimoine mondial de l'Unesco et qui abrite les reliques de saint Guilhem et de la Vraie Croix

Le fameux pont du Diable enjambe le fleuve et trône, majestueux, sur l'Hérault.

J. 3
De Sète à Palavas

Le plaisir de naviguer de Sète pour rejoindre Palavas-les-Flots a incité la plupart des voyageurs à se lever tôt, afin de vivre au plus près de la nature cette belle expérience. Sur le pont, tous observent l'horizon et les rives baignées de la douce lumière de l'aube. Les petits villages méditerranéens apparaissent au loin entre mer, garigue et collines. Après un tel spectacle, la visite d'une manade est prévue avec une démonstration du travail à cheval par les gardians.

LES MANADES

La visite d'une manade est un incontournable du séjour dans la région. Ici sont élevés en semi-liberté taureaux et chevaux qui participeront aux courses locales. Vous découvrirez la vie de la manade et de ses gardians lors d'une promenade en remorque tractée et assisterez à une démonstration de tri de taureaux. Sans oublier évidemment, avant de revenir au bateau, la pause gourmande avec la dégustation de spécialités locales avec brasucade, anchoïade, gardiane de taureau et riz camarguais...

Palavas-les-Flots, la cité des évêques devenue station balnéaire à la mode.

PALAVAS, UNE HISTOIRE BALNÉAIRE

À la fois station balnéaire et petit village de pêcheurs, Palavas-les-Flots est située tout près de Montpellier. Dès 533, un évêché est fixé sur l'île de Maguelonne dont le territoire s'étend jusqu'au site de Palavas. En 1085, le comte Pierre de Melgueil se place sous la protection du pape. Mais, au XIIe siècle, les évêques doivent faire face à la maison d'Aragon qui vient d'entrer en possession de Montpellier et surtout à la montée en puissance des rois de France. Le temps passe et, à partir du XIXe siècle, la mode des bains de mer attire des touristes locaux et des activités saisonnières. Dans les années 1920, Palavas devient une station balnéaire « à la mode », qu'on rebaptise « Palavas-les-Flots », afin de renforcer son image « marine ».

Aigues-Mortes s'élève au-dessus des eaux roses du salin. Les tours et les remparts de la cité témoignent encore de la présence de Saint-Louis.

J. 4
De Palavas à Aigues-Mortes

En début de matinée, la péniche quitte Palavas-les-Flots à la fraîche pour se diriger vers Aigues-Mortes. Le soleil brille au milieu d'un ciel d'un azur intense. Une fois encore, tout le monde s'est levé pour ne rien rater de ce moment tant attendu. Certains ont même sorti leurs jumelles pour observer la faune nombreuse sur les rives, en particulier les oiseaux. Dans les marais proches, une colonie de flamants roses chasse et picore, certains s'ébrouent et d'autres prennent leur envol à notre approche. Nombre d'espèces volatiles moins connues batifolent et virevoltent au ras de l'eau. Nous partons à la découverte des tables salantes, du fabuleux sel de Camargue, de ses eaux roses qui rendent le lieu exceptionnel et du travail immémorial des sauniers.

AIGUES-MORTES

Fondée au XIIIe siècle par Saint Louis, Aigues-Mortes possède un patrimoine architectural particulièrement bien conservé. Située au cœur de la Camargue gardoise, la cité présente une véritable allure de forteresse médiévale, avec ses 1634 m de remparts, ses portes fortifiées, ses vingt tours et son chemin de ronde. Ce joyau de l'architecture gothique, forteresse des sables voulue par le roi, domine depuis plus de sept cents ans ces terres sauvages. C'est en 1240 que Louis IX lance son colossal projet visant à doter son royaume d'une ville portuaire qui l'affranchirait, lors de ses futures croisades, du bon vouloir des princes étrangers et principalement de l'empereur du Saint Empire romain germanique. En quelques années, il fait ériger la tour de Constance et un château à l'ombre desquels commence à s'assembler une population attirée par les impressionnants privilèges que le roi accorde pour la fondation de la cité. Dès 1266, il parfait cette entreprise en commandant la construction de remparts achevés une trentaine d'années plus tard, sous le règne de son petit-fils Philippe le Bel.

La péniche *Anne-Marie* à Aigues-Mortes.

J. 5
D'Aigues-Mortes à Gallician

En ce cinquième jour de croisière, le cap est mis vers Gallician, vers la Camargue gardoise, appelée également Petite Camargue. Labellisés « Grand site de France », leurs paysages sont un véritable trésor pour notre pays. L'excursion de l'après-midi est consacrée à la découverte de la culture et des traditions provençales, nichées au cœur de ce joli terroir. Sur le pont, l'ambiance volubile est chaleureuse et les récits d'expérience se partagent avec sympathie. Au fil des jours, nos observateurs passionnés ont appris à se connaître et à se découvrir.

Les Saintes-Maries-de-la-Mer. Ici on célèbre chaque année Sarah la Noire, patronne des Gitans.

LES SAINTES-MARIES

Tout débute par le départ de Palestine de proches de Jésus, parmi lesquelles Marie Jacobé et Marie Salomé et Sara leur servante, lors des premières persécutions des chrétiens. Les trois disciples, affirme la légende, dérivèrent dans une barque frêle sans voile ni rames avant d'accoster sur le rivage des Saintes-Maries porteuses du message du Christ. À l'endroit où les saintes furent enterrées, jaillit une chapelle qui leur est dédiée. Construite au VIe siècle, elle accueille depuis lors un superbe pèlerinage. De Sara la Noire on ne sait pas grand-chose. Elle demeure une énigme. Tantôt elle est une servante des saintes Marie, tantôt une Gitane qui les a accueillies. Sainte vénérée par la communauté des Gitans, sa statue se trouve dans l'Église des Saintes-Maries-de-la-Mer, à droite au fond de la crypte, habillée de robes multicolores et de bijoux. D'après les Gitans, elle est leur protectrice attitrée, « Sara-la-Kâli », un mot tsigane qui signifie aussi bien « gitane » que « noire ». Tous les ans, le 24 mai, les gens du voyage se rassemblent pour la célébrer.

J. 6 De Gallician à Arles

L'itinérance sur l'eau touche bientôt à sa fin : l'ultime escale, Arles, sera atteinte en fin de matinée. Après avoir longé la « Petite » Camargue, au pied du plateau des Costières, nous emprunterons le « Petit » Rhône, un des bras du delta du fleuve avant de rejoindre son canal à Sète. La cité romaine « d'Art et de Culture », inscrite au Patrimoine mondial de l'Unesco, clôturera en guise d'apothéose le séjour des passagers.

Vue aérienne d'Arles et de ses célèbres arènes.

LA CAMARGUE

La Camargue gardoise appelée également Petite Camargue, réserve aux amateurs de nature de jolis paysages, à la fois sauvages et paisibles, composés d'étangs, de roselières, de marais et de prés. Vous y apercevrez aussi chevaux, taureaux ou encore flamants roses. Ce coin de paradis, splendide et authentique, berceau de la culture et des traditions provençales, conjugue harmonieusement richesse biologique, diversité de la faune et de la flore et splendeur des paysages. En bord de mer ou dans un village typique, chaque pas est une aventure dans cette « terre du bout du monde » posée entre le ciel et la mer, où la nature est reine.

La Camargue abrite de nombreuses espèces animales et végétales dont les fameux flamants roses, emblèmes de la région.

Le Rhône à Arles.

VAN GOGH ET LES ALYSCAMPS

« Dans Arles, où sont les Alyscamps,
Quand l'ombre est rouge, sous les roses,
Et clair le temps,
Prends garde à la douceur des choses.
Lorsque tu sens battre sans cause
Ton cœur trop lourd ;
Et que se taisent les colombes :
Parle tout bas, si c'est d'amour,
Au bord des tombes. »
Romances sans musique

Ces vers de Paul-Jean Toulet semblent décrire à merveille la poésie mélancolique des lieux. Cette allée témoigne, outre d'un magnifique paysage, d'un moment fondamental de l'histoire de l'art. En octobre 1888, Paul Gauguin rejoint Vincent Van Gogh à Arles, où ce dernier rêve de créer un atelier où les artistes viendraient se nourrir de la lumière méridionale. La cohabitation va être orageuse et ne durera que deux mois. Pendant cette période, les deux artistes parcourent la campagne alentour et peignent des sujets communs, notamment les Alyscamps, « Champs Élysées » en provençal, un cimetière gallo-romain aux abords de la ville. Lieu plein de magie et de poésie, les Alyscamps n'ont aujourd'hui encore rien perdu de leur mystère, notamment à l'intérieur de l'étonnante église Saint-Honorat.

ADRESSES UTILES

- Office de tourisme d'Arles https://www.arlestourisme.com
- Office de tourisme d'Aigues-Mortes https://ot-aiguesmortes.com
- Office de tourisme de Sète https://www.tourisme-sete.com
- Office de tourisme d'Arles https://www.arlestourisme.com

Le canal de la Marne

D'Épernay à Paris

Épernay – Dormans – Reims – Château-Thierry – Saint-Jean-les-Deux-Jumeaux – Meaux – Lagny-sur-Marne – Paris

Choisir de partir sur le ravissant canal de la Marne à la découverte de la région Champagne en remontant jusqu'à la capitale est un choix judicieux pour se laisser surprendre agréablement. Cette balade au fil des eaux tranquilles du canal permet de découvrir de charmantes bourgades situées au cœur des vignobles champenois, véritables attraits touristiques de la région. Un des temps forts du parcours est la belle ville de Reims, « la cité des sacres », avec un superbe final à Paris.

Cumières, près d'Épernay.

MUSTS

- Reims « la cité des rois »
- Meaux, son patrimoine historique et gustatif
- Château-Thierry et la maison natale de Jean de La Fontaine (musée)
- Hautvillers, berceau du champagne
- Le canal Saint-Martin au cœur des quartiers typiques du vrai Paris jusqu'au pied de la tour Eiffel
- Paris, visite insolite de la capitale

INFOS PRATIQUES

- Tout public
- Toutes saisons

La montagne de Reims
et le moulin de Verzenay.

La péniche *Déborah*.

JOUR 1
Épernay

L'embarquement se fait en fin d'après-midi dans la charmante petite ville d'Épernay. Les escales de Dormans, Château-Thierry, Saint-Jean-les-Deux-Jumeaux, Meaux et Lagny-sur-Marne, qui rythment la croisière, dévoilent leurs charmes authentiques, en particulier lors d'une excursion sur la route de Champagne. D'autres haltes sont proposées comme à Hautvillers, iconique village berceau du champagne, pour écouter l'histoire singulière du moine cellérier Dom Pérignon, qui découvrit au XVIIIe siècle la méthode de champagnisation du vin. Après une telle mise en bouche, la visite d'une grande maison de champagne s'impose, avec une dégustation de choix. Autre temps fort, la visite de Reims surnommée « la cité des sacres » ou « des rois » qui mérite le détour pour avoir occupé une place importante dans l'histoire de la Gaule. Sans oublier, à la fin, la visite insolite d'un Paris méconnu…

La maison Dom Pérignon, à Épernay. Ici vécut l'inventeur du champagne.

Petite pause bronzage sur le pont-soleil de la péniche.

J. 2
D'Épernay à Dormans

C'est en début d'après-midi que les matelots lèvent l'ancre pour commencer la navigation vers Dormans. Ce village de charme est situé au cœur du parc naturel de la Montagne de Reims que nous longerons pour y accéder. Après le repas, qu'il est bon de se glisser dans un transat sur le pont soleil et de laisser libre cours à son imagination. La péniche nous berce doucement et les paysages de forêts verdoyantes et de coteaux des vignobles de Champagne qui défilent sous nos yeux ajoutent encore à notre plaisir.

REIMS, VILLE DES SACRES

Là où, dans certaines royautés, le Royaume-Uni par exemple, le couronnement est l'événement le plus important pour le monarque, en France, cette cérémonie va très rapidement perdre de l'importance au profit de celle du sacre. Trente-trois rois de France se sont rendus à Reims pour être sacrés.
La cérémonie a lieu dans la cathédrale de Reims et le palais du Tau, palais archiépiscopal du diocèse de Reims. C'est au tournant des XIIe et XIIIe siècles que la cathédrale de Reims s'impose comme lieu essentiel d'une « religion » royale, qui remonte à l'élection divine de Clovis. À Reims, en effet, s'était produit, à la Noël de 498 (ou 499), un événement dont la mémoire eut une influence primordiale sur le pouvoir et le prestige de la monarchie française, jusqu'à sa fin. Le roi franc Clovis inaugura la longue lignée des sacres quand il prit la décision de se convertir au christianisme romain, gagnant ainsi le soutien de l'Église de Rome et du clergé orthodoxe. Le premier monarque oint à Reims dans la première cathédrale construite par saint Nicaise, fut Louis le Pieux, fils de Charlemagne, le 5 octobre 816 par le pape Étienne IV. Le prestige de la sainte ampoule, contenant le saint chrême qui sert à l'onction, et la puissance politique des archevêques de Reims aboutirent à partir d'Henri Ier en 1027 à fixer définitivement le lieu du sacre dans la cité. Cette règle ne connut que deux exceptions : Louis VI, sacré à Orléans en 1108 et Henri IV, à Chartres, le 27 février 1594.

La cathédrale de Reims, chef d'œuvre de l'art gothique, où se déroulèrent la plupart des sacres des rois de France.

Dormans. Si le château et le parc séduisent, une visite au Mémorial national de 1914-1918, consacré aux soldats tombés lors de la Grande Guerre, s'impose.

J. 3
De Dormans à Château-Thierry

Le rythme est pris, après l'excursion matinale et le déjeuner, la navigation se poursuit vers Château-Thierry, la ville de Jean de La Fontaine. C'est une fois encore un véritable moment de sérénité pendant lequel les esprits rêvassent et s'abandonnent, repensant avec émotion à la visite du matin. De sympathiques échanges entre compagnons de voyage tissent les fils invisibles d'une relation naissante. Les corps, eux, lâchent prise et se ressourcent pleinement en observant la nature. Le ciel nimbé d'une lumière irisée est la toile de fond idéale pour le ballet des oiseaux qui esquissent leur chorégraphie, rythmée de leurs chants apaisants. Quelques courageux ont choisi de prendre les vélos pour rejoindre la destination par le chemin de halage.

LA ROUTE DU CHAMPAGNE

À partir du haut Moyen Âge, la vigne s'implante en Champagne. Ce sont principalement les congrégations religieuses qui s'en occupent. Le vin est consommé en vin de messe ou revendu à la noblesse locale et à la bourgeoisie. Dès le XVIe siècle, le champagne va bientôt surclasser le vin de Bourgogne sur les tables des rois de France, avec la renommée des « vins gris », blancs en réalité, mais produits à partir de raisins rouges. S'il n'est pas effervescent, sous certaines conditions climatiques, il acquiert une prise de mousse au printemps. Dom Pérignon, resté dans l'histoire comme l'inventeur du champagne, est le premier à avoir pratiqué l'assemblage, non pas du moût, mais bien des grappes de raisin, dès les vendanges, pour améliorer la qualité. Au XVIIe siècle, les champagnes effervescents sont rapidement associés à la fête… C'est également à cette période que débute l'usage de la bouteille plutôt que du tonneau. La bouteille permet, en effet, la conservation et le transport des vins de manière beaucoup plus aisée.

J. 4

De Château-Thierry à Saint-Jean-les-Deux-Jumeaux

Après une petite marche pour conclure la visite du matin et le déjeuner, la péniche poursuit son cap vers Saint-Jean-les-Deux-Jumeaux pour arriver dans la soirée. Cette petite commune rurale de Seine-et-Marne s'organise autour d'exploitations de grandes cultures parsemées de bois et bosquets et de coteaux abrupts qui donnent à la vue un joli relief. La navigation devient sinueuse, de jolies boucles rompent agréablement le rythme initial. Au détour d'une courbe, il n'est pas rare de voir des cygnes ou oies sauvages qui s'ébrouent, faisant claquer puissamment leurs larges ailes. Les croisiéristes n'hésitent pas à immortaliser ces instants suspendus.

LE CHÂTEAU FÉODAL

Nichée au pied de coteaux tapissés de vignes, la petite ville de Château-Thierry a vu naître en 1621 le célèbre fabuliste Jean de La Fontaine. Un musée, installé dans sa maison natale, un bel hôtel particulier du XVIe siècle, lui est d'ailleurs consacré. Documents, manuscrits, gravures, illustrations, objets d'art, mais aussi cabinet de travail, vous plongeront dans l'univers de l'illustre poète. Profitez d'une promenade dans les hauteurs de la ville ancienne, pour partir à la découverte du vieux château, un site fort agréable, d'où l'on jouit, le long des remparts, d'une superbe vue sur les toits et la vallée. L'occasion d'admirer de beaux vestiges médiévaux, comme l'imposante porte Saint-Jean, les remparts bien conservés ponctués de tours, ou encore l'ancien donjon. Implanté sur 2,6 ha de la « cité à Fables », le « château de Thierry » est un bijou d'architecture défensive médiévale. Cet ensemble fortifié exceptionnel domine la Marne depuis plus de 2 000 ans. Un voyage passionnant au Moyen Âge !

Au pied des remparts du château de Château-Thierry, érigé au XIIIe siècle par Thibaut IV de Champagne, s'épanouit la roseraie riche de près d'une cinquantaine de variétés différentes.

J. 5 De Saint-Jean-les-deux-Jumeaux à Meaux et Lagny-sur-Marne

La péniche fend à nouveau les flots vers Lagny-sur-Marne. Cette petite commune rurale de Seine-et-Marne conjugue exploitations de grandes cultures, bois et bosquets du plateau ainsi que des coteaux abrupts qui donnent un joli relief à la vue. La navigation devient sinueuse, de jolies boucles rompent agréablement le rythme rectiligne initial. Au détour d'un virage, la nature se dévoile pour la plus grande admiration des croisiéristes.

Le clocher de la cathédrale Saint-Étienne à Meaux.

À la découverte de Lagny-sur-Marne, à la fois cité médiévale, cité marchande et cité artistique.

LE BRIE DE MEAUX

Une dégustation de ce fromage, proclamé « prince des fromages » par Talleyrand en 1815, pourra conclure la visite de Meaux au retour à bord du bateau. La croyance populaire attribuait à Io, aimée de Zeus, la maternité des vaches dont le lait était utilisé pour sa fabrication. Charlemagne l'appréciait fort et demandait qu'on lui fasse envoyer régulièrement des chargements à Aix-la-Chapelle. Connu et apprécié de nombreux rois de France, le brie connut son heure de gloire lors du congrès de Vienne en 1815. À l'occasion d'un banquet, chacun des diplomates présents se fit servir son fromage préféré. C'est le brie de Meaux qui fut consacré « prince des fromages et premier des desserts ». Ces bries historiques venaient de la ferme des Baulny, vieille famille meldoise. Au début du XXe siècle, il y avait autant de bries que de fermes. Le département nourrissait alors plus de 100 000 bovins et produisait des millions de fromages par an.

Paris et son monument emblématique, la tour Eiffel.

J. 6 De Lagny-sur-Marne à Paris

La flânerie au fil de l'eau touche bientôt à sa fin ! L'arrivée dans Paris se fait vers midi après une matinée de navigation différente puisque le paysage devient urbain et industriel. L'irrésistible attraction de la capitale a densifié ses environs de manière impressionnante. L'écluse de Vaires-sur-Marne et celle de Neuilly marquent l'entrée dans la ville lumière. Une dernière très belle surprise attend les passagers arrivés dans Paris *intra-muros*, ils n'auront jamais de si près approché les monuments iconiques situés sur les berges. Notre-Dame, le Louvre, le Grand Palais, le musée d'Art moderne, le pont de l'Alma, Chaillot, le quai Branly, la tour Eiffel… se succèdent sous les regards émerveillés des voyageurs, avant de rejoindre l'appontement, quai de Grenelle.

Le pont Alexandre III, inauguré à l'occasion de l'Exposition universelle de 1900, ainsi nommé en l'honneur du tsar, fervent défenseur de l'amitié franco-russe.

ADRESSES UTILES

- Office de tourisme de Reims
https://www.reims-tourisme.com
+33 (0) 3 26 77 45 00
- Office de tourisme d'Épernay
https://www.epernay-tourisme.com
+33 (0) 3 26 53 33 00
- Office de tourisme de Château-Thierry
https://www.lesportesdelachampagne.com
+33 (0) 3 23 83 51 14
- Office de tourisme de Meaux
https://www.agglo-paysdemeaux.fr/tourisme/meaux-marne-ourcq-tourisme
+33 (0) 1 64 33 02 26
- Office de tourisme de Paris
https://parisjetaime.com
+33 (0) 1 49 52 42 63

LE PARIS DES PLUS BEAUX PASSAGES COUVERTS

Loin de l'agitation et de la frénésie, les passages couverts de la ville de Paris possèdent ce charme ancien qui opère encore aujourd'hui. Ces bijoux d'architecture offrent une parenthèse unique, où le temps semble suspendu. Conçus entre 1820 et 1850 par les plus grands architectes parisiens, ils sont les vestiges d'un patrimoine du XIXe siècle qui tend, hélas, à disparaître. Parmi les quelques-uns que compte la capitale, en voici trois : la galerie Vivienne, le passage des Panoramas et le passage Verdeau, tous en enfilade à deux pas du jardin du Palais-Royal. Le premier, l'un des plus connus de la capitale, offre mosaïques authentiques au sol, fer forgé, dorures... Le passage des Panoramas, lui, côtoie le musée Grévin et le théâtre des Variétés. C'est le plus ancien et l'un des plus remarquables passages couverts de Paris, le rendez-vous des collectionneurs et surtout des philatélistes du monde entier. Enfin, le passage Verdeau, tout près du célèbre hôtel des ventes Drouot, fera le bonheur des chineurs et des collectionneurs.

Le passage Vivienne, l'une des galeries les plus majestueuses de Paris.

La vallée de l'Oise

De Pont-l'Évêque à Paris

Pont-l'Évêque – Compiègne – Pont-Sainte-Maxence – Saint-Leu-d'Esserent – Auvers-sur-Oise – Pontoise – Bougival – Paris

Voici une destination qui ravira les amateurs de grand air, de beaux paysages, d'histoire… et d'intimité. Quoi de plus agréable pour explorer les charmes de la vallée de l'Oise, que cette rivière qui se faufile à travers un paysage bocager verdoyant. Depuis Compiègne, cité des rois, jusqu'à Bougival, où séjourna la plus exotique de nos impératrices, la belle Joséphine de Beauharnais, la balade n'est que calme et quiétude.

Compiègne. Le château fut le lieu de villégiature favori de Napoléon III et de l'impératrice Eugénie.

MUSTS

- La cathédrale de Noyon
- Compiègne et son château
- Auvers, cité des peintres
- Bougival
- Malmaison, la demeure de Joséphine

INFOS PRATIQUES

- Tout public
- Toutes saisons

JOUR 1
Pont-l'Évêque

Cette croisière de six jours vous amènera dans les plus beaux endroits de la vallée, un territoire inédit et méconnu aux portes de la capitale. Et, pour ce faire, quoi de plus agréable que d'emprunter un moyen de navigation tout à la fois plaisamment désuet et chaleureusement intime, une petite péniche de onze cabines. L'acheminement se fait depuis Paris en autocar jusqu'à Pont-l'Évêque où l'on embarque sur la péniche. Les amateurs d'histoire et d'art pourront marcher dans les pas de Van Gogh ou retrouver le souvenir de la sublime impératrice. En attendant ces découvertes, la vie à bord s'installe au gré des rencontres.

La péniche *Raymonde* à quai.

Maisons à colombages à Compiègne. Au détour des ruelles pittoresques, on peut aussi apercevoir l'Hôtel de Ville, du XVIe siècle, avec sa façade richement sculptée et ses statues des principales figures de l'histoire de la ville, dont celle de Louis XII.

LA CATHÉDRALE DE NOYON

Véritable condensé d'histoire, Noyon se dévoile au cours de cette visite inédite. Parcourrez la cité et découvrez les différentes facettes de son histoire doublement millénaire et des anecdotes croustillantes... La première pierre de Notre-Dame de Noyon fut posée près de vingt ans avant celle de Notre-Dame de Paris, en 1145. Cette doyenne se classe donc dans les toutes premières grandes églises gothiques de France. Un enchantement de lumière vous attend dans l'espace intérieur de cette toute première manifestation du gothique du nord de la France. Érigée sur le point le plus élevé de la ville, la cathédrale est entourée d'un « quartier » où fourmillaient autrefois chanoines et hommes d'Église. Elle comprend, outre le cloître, le réfectoire, le cellier, le grenier, la charpente, la salle du trésor, l'officialité, la salle capitulaire et la bibliothèque, les maisons canoniales, la chapelle et le palais de l'évêque. Il est ainsi aisé de s'imaginer la vie quotidienne des hommes de Dieu à l'époque. Admirez le transept qui s'allège et se termine par un hémicycle, les immenses verrières qui datent du XIIe siècle, le mobilier d'époque médiévale d'un grand intérêt.

Le chevet de la cathédrale Notre-Dame de Noyon. En ce lieu, contemplez mille ans d'histoire...

Les trois jacquemarts
de l'hôtel de ville de Compiègne.

J. 2
Pont-l'Évêque — Compiègne

Direction Compiègne. La péniche flâne le long des berges verdoyantes, laissant ses passagers lier peu à peu connaissance. Que viennent chercher ces voyageurs parfois venus de très loin ? Quelle raison les a poussés à entreprendre ce joli voyage ? C'est sans doute l'amour des paysages français et de l'histoire du pays, et peut-être aussi l'amour de la gastronomie. C'est assurément le rythme indolent de la découverte qui attire de plus en plus de croisiéristes.

COMPIÈGNE

Un jour ne suffit pas pour explorer les mystères de la ville et de son château. Cité méconnue du grand public, Compiègne a été le témoin de quelques-uns des grands moments de notre histoire ! Elle s'est en effet construite autour du château des rois de France, depuis les temps des Mérovingiens (ve siècle) jusqu'aux aléas de la Première Guerre mondiale (l'armistice y fut signé) en passant par les heures glorieuses du Second Empire et le défilé des têtes couronnées les plus célèbres de France et d'Europe. C'est ici aussi qu'a été capturée Jeanne d'Arc avant d'être vendue aux Anglais. Et ici encore que Mérimée proposa aux illustres invités de Napoléon III et de l'impératrice Eugénie, pour passer le temps lors d'une des fameuses « séries » (entendez « séjours royaux »), sa dictée – texte, réputé pour être le plus difficile de la langue française – et entra dans la légende ! Compiègne aux multiples facettes en a donc vu de toutes les couleurs et possède de nombreux monuments qui témoignent de la richesse de son passé.

La façade, côté jardin, du château
de Compiègne.

J. 3 Compiègne – Pont-Sainte-Maxence – Saint-Leu-d'Esserent

Laissant derrière eux les splendeurs du Second Empire, les croisiéristes reprennent le bateau qui s'éloigne peu à peu de la cité royale. À bord, l'atmosphère est détendue et la jauge réduite des passagers permet à chacun de faire connaissance. Tous les passagers semblent tomber d'accord sur un point : il est bien plus agréable de faire cette croisière « minimaliste » en bonne compagnie et à son rythme que de subir les aléas des foules et du bruit. Le moment et la compagnie sont donc parfaits pour « déguster » Chantilly et les merveilles accumulées en ces lieux par le duc d'Aumale. Parfois se glisse parmi les croisiéristes, un invité. À mi-parcours, c'est un membre de la confrérie des Chevaliers fouetteurs, chargé de promouvoir la crème chantilly, un patrimoine historique et culinaire. Après le dîner, il est possible de poser le pied à terre et marcher dans la petite bourgade. Les plus courageux peuvent se rendre à l'abbatiale de Saint-Leu-d'Esserent qui surplombe la vallée de l'Oise du haut de son promontoire rocheux.

Vue aérienne du domaine de Chantilly où l'on peut toujours admirer les superbes collections du duc d'Aumale.

CHANTILLY, SON CHÂTEAU… ET SA CRÈME

Le château se dresse au milieu des eaux sur 7 800 hectares de terres, au sein de l'une des plus grandes forêts des environs de Paris. Résidence princière, Chantilly, dont les premières fortifications remontent au Moyen Âge, fut sans cesse agrandie et restaurée par les architectes de ses différents propriétaires, les Orgemont, les Montmorency, les Condé et surtout le duc d'Aumale, qui fit du domaine un incontournable lieu d'art et d'histoire. Somptueux appartements et collections d'œuvres d'art inestimables ont ainsi, grâce à eux, été préservés de la détérioration. Aujourd'hui, il offre un exemple exceptionnel de l'architecture du XIXe siècle parfaitement inspirée par celle de la Renaissance.

J. 4

Saint-Leu-d'Esserent – Auvers-sur-Oise – Pontoise

Aujourd'hui bien sûr, l'homme du jour, c'est Van Gogh ! L'incontournable Hollandais est au centre de la légende de cette petite cité tranquille des bords de l'Oise, Auvers. Il ne fut pourtant ni le seul, ni le premier à venir s'installer ici. Dans la seconde moitié du XIXe siècle, quittant l'atelier pour aller peindre directement sur le motif, les peintres explorent les alentours de la capitale. D'abord depuis Barbizon et la forêt de Fontainebleau, ils se déplacent progressivement vers l'ouest, suivant la Seine jusqu'aux côtes normandes. La vallée de l'Oise, joue un rôle prépondérant. La grande variété de paysages et un caractère encore très rural séduisent les quelque 300 artistes qui vont s'arrêter à Auvers. De Daubigny à Cézanne, ils trouvent dans ces paysages vallonnés matière à travailler à des compositions et des perspectives originales. Le docteur Gachet médecin et amateur d'art pose ainsi ses valises aux Rémys en 1872. De nombreux peintres se retrouvent autour de lui et parmi eux Van Gogh, qui arrive là en 1890 et y vivra ses derniers moments.

Les tombes des deux frères Théo et Vincent Van Gogh, ensevelies sous le lierre du cimetière d'Auvers-sur-Oise.

L'église Notre-Dame de l'Assomption, maintes fois peinte par Van Gogh.

L'ABSINTHE, L'ALCOOL DES PEINTRES

L'absinthe est un alcool obtenu par la macération puis la distillation d'un mélange d'herbes et de plantes. Elle possède un très fort degré alcoolique, oscillant entre 60 % et 75 %. Pour la produire, il convient de mélanger de nombreuses plantes, dont trois en particulier : l'anis vert, le fenouil et la grande absinthe connue depuis le Moyen Âge pour ses qualités médicinales et qui a donné son nom aussi aux Vermouths (*wermut* est le nom de la plante en allemand). Parmi les différents types, on distingue les absinthes « vertes », colorées par infusion et les absinthes « blanches », non-colorées. Les deux se consomment de la même manière avec de l'eau fraîche versée lentement, avec ou sans sucre. L'absinthe est associée aux plus grands artistes du XIXe : Verlaine, Rimbaud, Van Gogh, Degas, Gauguin... tous ont peint ou poétisé la troublante « Fée verte », telle que la surnommera Oscar Wilde.

La Seine à Bougival.

J. 5
Pontoise – Bougival

Ce matin, départ vers les vignes du pressoir auversois. Un patrimoine tombé dans l'oubli et qui a été ressuscité avec succès au début des années 2000. Situées en bordure des voies de chemin de fer à Auvers-sur-Oise, les cultures offrent un paysage exceptionnel. Après la visite du vignoble et du pressoir, un détour s'effectue par la maison-atelier Daubigny, classée Monument historique en 1991 et labellisée « Maison des illustres » en 2014. Elle a été construite en 1861 par Charles-François Daubigny et a été le point de rencontre de ses amis paysagistes, Camille Corot, Honoré Daumier et Berthe Morisot. Aux plaisirs artistiques s'ajoute la dégustation de produits du terroir chez *Madame Guinguette*.

BOUGIVAL

Au XIIIe siècle, les coteaux dominant le vallon étaient couverts de vignes, et le vin possède une certaine renommée. Plus tard, l'invention du chemin de fer donnera à Bougival, et aux villes environnantes, un nouvel essor. La première ligne, inaugurée en 1837, relie la gare de Paris-Saint-Lazare à Saint-Germain-en-Laye. Nombre de Parisiens prennent l'habitude de venir passer le dimanche au bord de la Seine. Des guinguettes s'ouvrent et les loueurs de barques attirent les amateurs de canotage. Les fêtes nautiques, les régates et les bals font florès. Bientôt des peintres portraiturent sur le vif. Ils ne sont pas seuls à fréquenter Bougival. Tourgueniev, Prosper Mérimée, Gounod, Flaubert, Alphonse Daudet et Guy de Maupassant séjournent aussi ici. D'aucuns affirment même qu'Alexandre Dumas fils y rencontra Marie Duplessis, qu'il immortalisa sous le nom de Marguerite Gautier dans *La Dame aux Camélias*.

J. 6

Bougival — Paris

Dernière journée à bord et non des moindres puisqu'il s'agit aujourd'hui de visiter l'une des demeures de l'impératrice. La roseraie et les jardins de la Malmaison n'ont rien perdu de leur charme. Qu'ils viennent d'autres régions françaises, d'outre-Atlantique ou d'Asie, les croisiéristes s'enthousiasment de concert devant les appartements de la Belle Créole. Un prélude royal à la soirée de gala préparée par le chef de la péniche.

Le château de Malmaison, lieu de mémoire artistique et politique et un incontournable de cette croisière.

La chambre de l'impératrice. C'est entre ces murs, le 29 mai 1814, que s'est éteinte Joséphine, la belle créole, première épouse de Napoléon.

MALMAISON, LA DEMEURE DE JOSÉPHINE

Marie-Joseph-Rose de Tascher de La Pagerie, née en 1763, aux Trois-Îlets en Martinique prend le prénom de Joséphine en épousant Bonaparte en 1796. Elle connaît une enfance heureuse dans la plantation familiale avant d'être envoyée à Paris à l'âge de 16 ans pour y épouser Alexandre de Beauharnais, avec lequel elle a deux enfants, Eugène et Hortense. Emprisonnés tous deux sous la Terreur, seule Joséphine échappe à l'exécution et est libérée après trois mois de détention. Elle rencontre Bonaparte en 1795.

Le jeune général corse est ébloui par son charme et son aisance dans la nouvelle société qui se crée alors. Ils se marient et elle le suit dans sa carrière politique. Couronnée impératrice en 1804, elle ne peut lui donner d'héritier et doit se résoudre à accepter le divorce en 1809. Une séparation déchirante qui leur coûte à tous deux. Il laisse à sa disposition le palais de l'Élysée, le château de Navarre et le domaine de Malmaison avec toutes ses collections.

La façade principale du château de Malmaison, résidence préférée de l'impératrice Joséphine.

ADRESSE UTILE

- Oise tourisme
https://www.oisetourisme.com/

Choisir de visiter une région depuis un fleuve, c'est s'offrir de nouvelles perspectives pour d'autres paysages. En France, sur la Seine, la Loire, le Rhône, la Saône, le Rhin, la Gironde et, en Europe, sur le Danube, l'Elbe, la Moldau, le Main, le Douro, le Pô, le Guadalquivir, les possibilités de naviguer sont nombreuses et variées.

À bord de bateaux confortables à petites capacités (de 100 à 180 passagers maximum), dans une ambiance conviviale, les mots «partage» et «découverte» prennent tout leur sens. Les croisières peuvent durer de trois à seize jours et traversent plus de trente pays. L'horizon des évasions s'offre à toutes les envies.

FLEUVES
DE FRANCE ET D'EUROPE

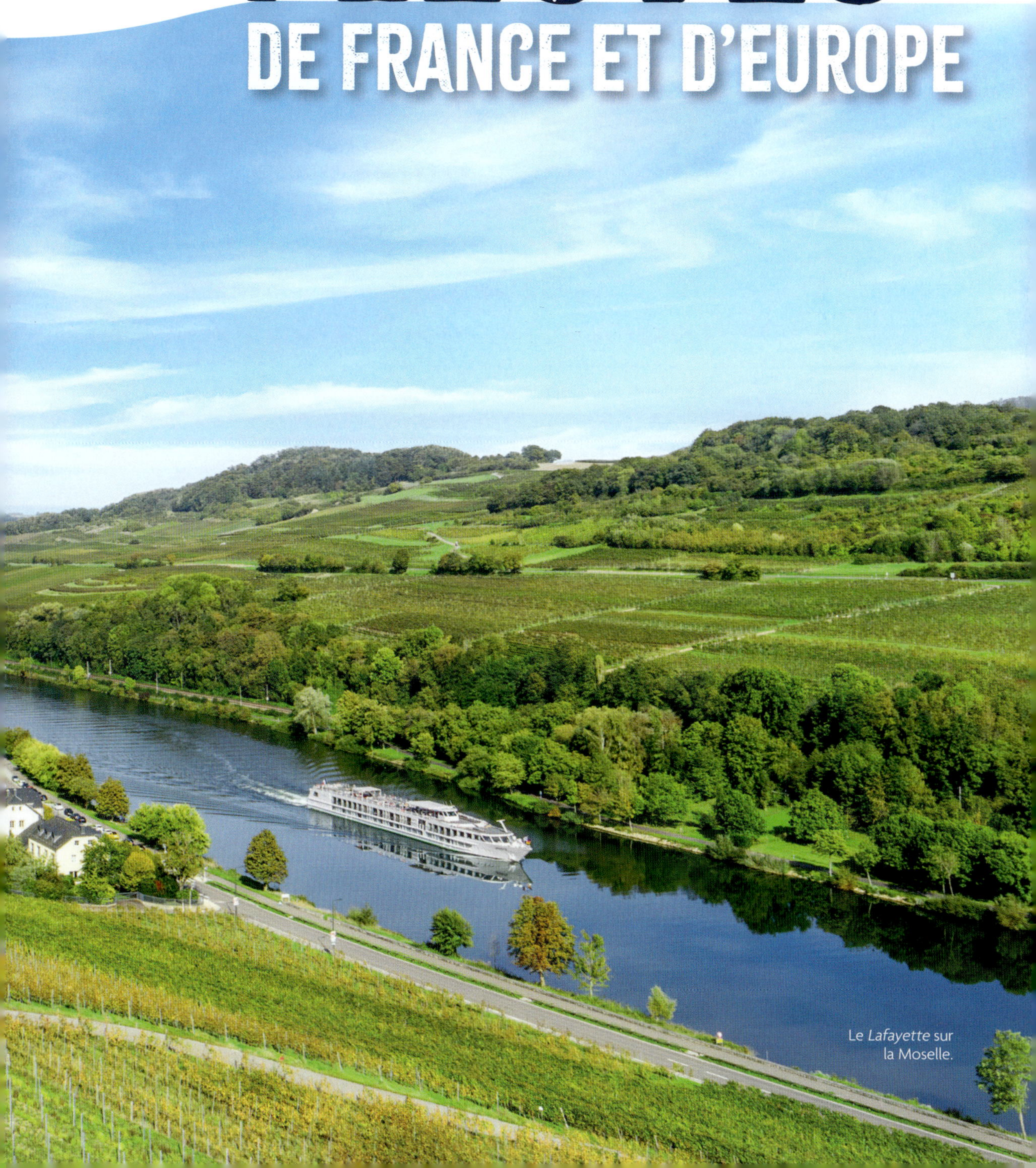

Le *Lafayette* sur la Moselle.

La Loire et ses châteaux

Un héritage royal

Nantes – Saint-Nazaire – Nantes – Ancenis – les châteaux de la Loire – Chalonnes-sur-Loire – Ancenis – Nantes

Naviguer sur la Loire, fleuve sauvage, s'il en est, n'est pas commun ! Le *Loire Princesse* est l'un des seuls bateaux de croisière à voguer sur une partie de ce fleuve grâce aux deux roues à aubes qui le meuvent. Construit aux chantiers de Saint-Nazaire, il a été conçu avec ce système particulier, de manière à avoir un très faible tirant d'eau qui lui permet de s'adapter aux caprices du fleuve. L'itinéraire emprunté de Nantes jusqu'à Saint-Nazaire puis Angers et Ancenis a été balisé par les Voies navigables de France, garantes de la sécurité.

Le *Loire Princesse* sur la Loire.

LOIRE PRINCESSE

JOUR 1
Nantes

MUSTS

- Navigation à bord d'un bateau à roues à aubes
- Visite du château d'Azay-le-Rideau et des jardins de Villandry
- Les chantiers navals de Saint-Nazaire
- Découverte de Nantes, ses cours et ses passages secrets

INFOS PRATIQUES

- Tout public
- Le printemps est sans doute la saison adéquate pour profiter du charme des jardins fleuris

Le bateau est amarré au parc des Machines de l'île à Nantes, un lieu culturel vivant abritant un drôle de bestiaire. C'est le moment ou jamais de le visiter en arrivant plus tôt, avant de monter sur le bateau. Une fois tous les passagers embarqués en fin d'après-midi et confortablement installés dans leur cabine, le commissaire de bord les invite à un apéritif de bienvenue. Comme le veut la coutume, on procède à la présentation de l'ensemble de l'équipage, navigation et hôtellerie, soit 24 personnes à la disposition des passagers, et l'on donne les recommandations d'usage pour bien comprendre la vie à bord. Puis le bateau fait route vers Saint-Nazaire pour arriver en fin de soirée.

Nantes. Le quai de la Fosse et l'église Notre-Dame-de-Bon-Port.

Maison dans la Loire à Couëron, œuvre de l'artiste Jean-Luc Courcoult, créée dans le cadre de la manifestation annuelle estivale « Le Voyage à Nantes ».

LES MACHINES DE L'ÎLE

Les Machines de l'île sont un projet artistique totalement né de l'imagination de François Delaroziere et Pierre Orefice. Il mêle à la fois l'univers de Jules Verne, celui de Léonard de Vinci et l'histoire de Nantes et de ses anciens chantiers navals. Ne manquez pas la visite de la galerie des Machines et la chevauchée du Grand Eléphant de 12 m de haut (cinquante passagers peuvent embarquer pour cet étonnant voyage). Vous monterez aussi à bord du Carrousel des mondes marins où s'ébattent 27 créatures étranges venues des abysses. La Galerie met en scène un véritable bestiaire de mécaniques.

Le Grand Éléphant des « Machines de Nantes », espace d'exposition et d'animation situé sur l'Île de Nantes, à l'emplacement d'anciens chantiers navals.

J. 2
Saint-Nazaire — Nantes

Pour démarrer du bon pied cette croisière, rien de tel qu'un petit-déjeuner avant d'aller sur le pont pour admirer les brumes matinales qui nimbent l'horizon de Saint-Nazaire. Ce changement de décor et d'environnement invite les passagers à lâcher prise naturellement et les incite à larguer les amarres pour se sentir libre de profiter pleinement de l'instant! La matinée est consacrée à la découverte de Saint-Nazaire, ville mythique par excellence dont le nom, mondialement connu, évoque les fameux chantiers navals, lieux de mémoire incontournable. Après une intense matinée de plongée dans l'histoire maritime française, les passagers sont attendus à bord pour le déjeuner, concocté à base de produits gourmands et locaux. Le *Loire Princesse* mettra ensuite le cap sur Nantes en fin d'après-midi. Pour ceux qui le souhaitent, après le dîner, une flânerie en bateau sur l'Erdre, un affluent de la Loire, est proposée afin de poser un autre regard sur la cité des ducs et ses environs. Petits ports, châteaux, manoirs et propriétés de charme s'égrènent au fil de l'eau.

LES CHANTIERS NAVALS DE SAINT-NAZAIRE

Au cœur de la base sous-marine, laissez-vous transporter dans le temps. Vous découvrirez la fabuleuse aventure des paquebots transatlantiques. Entre réalité et décors exceptionnels, vous marcherez dans les pas des passagers d'hier, explorerez les ponts, les coursives et les cabines. Une histoire passionnante. Les Chantiers de l'Atlantique sont parmi les plus grands et les plus anciens au monde. Le très haut portique (THP) peut soulever des pièces jusqu'à 81 m de hauteur ! Ici, vous découvrirez la naissance des grands paquebots. Depuis 1862, ils témoignent d'un savoir-faire extraordinaire. Partis en car depuis la base sous-marine, vous sillonnerez les « rues » des chantiers, vous insinuant au long du chemin dans les ateliers et les cales d'assemblage.

La Loire au Pellerin. Autrefois, un passage, au Pellerin, permettait aux pèlerins allant à Saint-Jacques-de-Compostelle, de traverser la Loire.

Le passage Pommeraye, cher à Jacques Demy, que l'on peut admirer dans deux de ses films *Lola* et *Une chambre en ville*.

J. 3
Nantes — Ancenis

LE CHÂTEAU DES DUCS DE BRETAGNE

Implanté dans le cœur historique de Nantes, le premier château des ducs de Bretagne a été construit au XIIIe siècle sur la muraille gallo-romaine, encore visible, de la cité des Namnètes. Il disparaît au XVe siècle pour laisser place à l'actuel bâtiment érigé par François II, dernier duc de Bretagne, puis embelli par sa fille, Anne. Riche de six siècles d'histoire, il abrite un logis résidentiel aux façades raffinées, ornées de loggias d'esprit Renaissance. Sa cour, ses remparts et ses douves sont accessibles au public. Il accueille le musée d'Histoire de Nantes, des expositions et de grands événements culturels. Non loin de cet édifice imposant, voici la face secrète de la ville que vous percerez à jour via cours et passages aujourd'hui au cœur d'îlots urbains. Ils recèlent l'histoire cachée des grandes familles nantaises du XVe siècle à nos jours. Le plus célèbre d'entre eux le passage Pommeraye, édifié au XIXe siècle fut immortalisé à plusieurs reprises par le cinéaste nantais Jacques Demy.

En ce troisième jour de croisière, le bateau reste à quai à Nantes pour une visite de la ville. Dès le matin, accompagnés d'un guide local, les croisiéristes arpentent le cœur historique, les quartiers médiéval et Renaissance, et découvrent les temps forts de l'histoire mouvementée dont les ducs de Bretagne ont été les protagonistes par leurs frasques et leurs audaces. Dans l'après-midi, la parenthèse à terre se poursuit par l'exploration des environs en empruntant la fameuse route du muscadet. Une halte au village médiéval de Clisson avec ses ruelles pavées étroites replonge chacun dans une atmosphère d'antan. L'après-midi se clôture par une dégustation de muscadet au château de la Cassemichère, une façon conviviale d'initier les passagers à l'art de la dégustation.

La cour Renaissance du château de Nantes. Le bâtiment fut résidence ducale jusqu'à la fin de l'indépendance bretonne en 1532.

J. 6 Nantes

Avant de quitter la Loire et ses charmes et de reprendre le bateau, dernier petit tour dans les jardins de Villandry probablement parmi les plus beaux de France. De retour à bord, le bateau fait ensuite route vers Ancenis avant de rejoindre de nuit la ville ducale, dernière étape de la croisière.

L'Erdre à Nantes.

Les jardins du château de Villandry.

VILLANDRY

Voici à présent Villandry et ses jardins, sans doute les plus beaux de France : jardin d'ornement, jardin d'eau, jardin des simples consacré aux herbes aromatiques et médicinales, potager, jardin des enfants, labyrinthe et terrasses. C'est en 1532, que Jean Breton, secrétaire des Finances de François Ier, se porte acquéreur d'une forteresse médiévale située non loin de Tours. Désireux d'imiter son souverain qui rebâtit les châteaux du Val de Loire selon les nouvelles techniques architecturales de la Renaissance, il entreprend de grands travaux pour moderniser son bien. Il crée notamment les jardins dont les diverses mutations feront au cours des siècles la renommée de Villandry : jardins Renaissance au XVIe siècle, à la Française au XVIIIe siècle, parc paysager au XIXe siècle, redessinés par Joachim Carvallo au début du XXe siècle.

Une magnifique balade le long de la Loire, entre les paysages urbains et la faune et la flore des berges.

ADRESSES UTILES

- Office de tourisme de Nantes
https://www.levoyageanantes.fr
+33 (0) 8 92 46 40 44
- Office de tourisme de Saint-Nazaire
https://www.saint-nazaire-tourisme.com
+33 (0) 2 40 22 40 65
- Office de tourisme d'Angers
https://www.tourisme.destination-angers.com
+33 (0) 2 41 23 50 00

Entre Rhône et Saône

À travers le vignoble et la gastronomie

Lyon – Tain-l'Hermitage – Vienne – Lyon – Collonges-au-Mont-d'Or – Mâcon – le vignoble du Beaujolais – Lyon

L'embarquement au départ de la cité des Papes se fait en fin d'après-midi, quai des confluences, à la croisée des deux fleuves. Terroir d'exception et de tradition par excellence, la vallée du Rhône offre aux esthètes et amateurs de bonne chère de quoi savourer des nourritures tant terrestres que spirituelles. En naviguant sur les flots du Rhône, ce sont toutes les richesses du vignoble du Beaujolais et des cités traversées qui vont se révéler au gré d'escales de choix.

Le *Camargue* à Tain-l'Hermitage.

JOUR 1

Lyon

MUSTS

- Dîner à l'abbaye de Collonges, temple de la gastronomie de Paul Bocuse
- Navigation entre les prestigieux vignobles : Côte-Rôtie ou encore Saint-Joseph
- Mâcon et son vignoble
- Vienne, ancienne cité romaine
- Lyon et ses traboules insolites

INFOS PRATIQUES

- Tout public
- L'automne et les vendanges

Nous voici quai des confluences, dans ce nouveau quartier post-industriel à la croisée des deux fleuves. Une belle occasion de s'y promener pour admirer les prodiges d'architectures réalisés dans le cadre de ce projet de rénovation urbaine. L'équipage est prêt à accueillir les passagers pour une expérience rare conjuguant art de vivre et découvertes culturelles. Parmi les passagers, il n'est pas rare de trouver un petit groupe d'œnologues se mêler à d'autres plus attirés par le farniente. Venus découvrir la région entre spécialistes, ils sont accompagnés d'un expert chargé de les guider lors de leur voyage d'étude sur le Beaujolais.

Lyon. Les façades Renaissance du quartier Saint-Georges, l'un des trois bourgs constituant la ville avec Saint-Paul et Saint-Jean-le-Vieux-Lyon.

Entre art de vivre et découvertes culturelles, Lyon vous accueille chaleureusement.

Lyon et la statue de l'archange saint Michel, couronnant l'abside de la basilique Notre-Dame de Fourvière.

Bordée par le Rhône et les coteaux de l'Hermitage, Tain-l'Hermitage est entourée d'une nature foisonnante qui jouit des bienfaits du fleuve.

J. 2
Lyon – Tain-l'Hermitage

Après cette première nuit bercée par les flots du Rhône et un bon petit-déjeuner buffet, tout le monde a hâte de lever l'ancre. Un agréable parfum de café embaume encore l'atmosphère, lorsque les moteurs se mettent en marche. Le bateau s'éloigne du quai en direction de Tain-l'Hermitage. En traversant la vallée du Rhône défilent les vignobles aux noms prestigieux : Côte-Rôtie, Condrieu, Château-Grillet et Saint-Joseph. Tout le savoir-faire ancestral de la vinification se livre au gré des visites dans quelques domaines.

CÔTE-RÔTIE

À quelques kilomètres au sud de Vienne, sur la rive droite du Rhône, la vigne a fait son domaine des pentes très abruptes de la côte Brune et de la côte Blonde, Les deux côtes ont en commun ces vignobles qui s'étagent sur de minuscules terrasses bordées de murets. L'appellation produit des vins rouges issus majoritairement de la Syrah associée au Viognier, un cépage blanc qui apporte à la Syrah finesse et arôme. Ici, il existe deux terroirs bien distincts. Au nord, la côte Brune pétrie de terre brune à base de glaise, très riche en oxyde de fer. Elle donne des vins corsés et de longue garde. La côte Blonde est, elle, dotée d'un sol éclairci par la craie. Ici, les vins sont plus légers et plus tendres. Le climat allie parfaitement chaleur et soleil, d'où le terme de côte « rôtie ».

J. 3

Tain-l'Hermitage – Vienne – Lyon – Collonges-au-Mont-d'Or

Cap est mis sur Vienne, « Ville d'art et d'histoire », renommée pour ses vestiges mais aussi pour son festival de Jazz. La visite guidée jusqu'en fin de matinée mènera vers le centre et ses trésors : le théâtre antique, le temple gallo-romain, le pont Saint-Martin. Revenus à bord, nous voguons de nouveau vers Lyon où nous arriverons en début d'après-midi. Pour le déjeuner, le chef a concocté des spécialités lyonnaises – saucisson brioché, quenelles, Saint-Marcelin – goûtues et généreuses. Un vrai voyage gustatif ! L'après-midi est consacrée à la déambulation dans la capitale des Gaules, qui livre vingt siècles d'histoire. Ensuite la pérégrination fluviale reprend vers Collonges-au-Mont-d'Or, pour une escale devant le célèbre restaurant *Paul Bocuse*. À cette adresse de prestige, un dîner gastronomique fait partie des surprises des passagers.

Vienne. Le temple d'Auguste, premier empereur romain, et de son épouse Livie, l'un des plus importants vestiges gallo-romains de la ville.

L'Auberge du Pont de Collonges, le très renommé restaurant de Paul Bocuse.

UN DÎNER CHEZ BOCUSE

L'Abbaye de Collonges – Paul Bocuse est désormais un véritable temple de la gastronomie française. Sacré cuisinier du siècle et chef triplement étoilé, il s'est imposé en maître incontesté de la « chère » et du terroir français à l'échelle mondiale. Dans ce restaurant au cadre unique, il vous est proposé de déguster un menu sur-mesure réalisé par les chefs de cette légende de la gastronomie, afin de faire de votre soirée, une véritable expérience culinaire : foie gras frais maison cuit en terrine avec un chutney et des toasts briochés, cassolette de homard aux petits légumes, le fameux Saint-Marcellin affiné de la « Mère Richard » le tout arrosé des meilleurs nectars du cru.

J. 4

Collonges-au-Mont-d'Or — Mâcon — le vignoble du Beaujolais — Lyon

Après la grande soirée festive « chez Bocuse », la navigation reprend, des étoiles plein les yeux... En ce matin du quatrième jour de croisière, le bateau se dirige vers Mâcon. Située au cœur de la Bourgogne du sud, cette charmante cité, fondée il y a plus de deux mille ans par les Romains, s'étend paisiblement le long de la Saône, entre les monts du Beaujolais et les coteaux du Mâconnais. La visite est libre, chacun peut faire ce dont il a envie tout en tenant compte de l'horaire de départ. Dès la fin de la matinée, c'est le départ pour Belleville : visite au vignoble du Beaujolais et arrêt au Hameau Dubœuf pour une dégustation. De retour de cette halte œnologique, le bateau regagne son port d'attache lyonnais pour une soirée de gala.

Le moulin à vent, près de Chénas.

MÂCON ET SON VIGNOBLE

Au cœur de la Bourgogne du Sud, Mâcon, fondée il y a plus de deux mille ans par les Romains, s'étend paisiblement le long de la Saône, entre les monts du Beaujolais et les coteaux du Mâconnais. Le centre-ville historique, avec ses maisons aux toits de tuiles romanes et aux façades colorées, lui confère des allures méridionales et abrite quelques pépites, dont la place aux Herbes et le vieux Saint-Vincent. Le vignoble mâconnais s'étire, lui, entre Sennecey-le-Grand au nord et Saint-Vérand au sud. Il s'est développé au Moyen Âge grâce à l'abbaye de Cluny, toute proche, et compte trente-sept appellations, majoritairement du chardonnay, qui partage tout de même les terres avec le gamay, l'aligoté pour les vins blancs ou le pinot noir, cépage bourguignon par excellence.

J. 5

Lyon, de l'ombre à la lumière

L'histoire de Lyon est extrêmement riche et porte en elle son lot de secrets et de mythes. Depuis la légende des loups-garous, de fait des adorateurs de Lug (dieu celte de la lumière), diabolisés par les chrétiens nouveaux venus, en passant par les liens étroits que la ville entretint avec la sorcellerie et l'ésotérisme, la ville des Lumières a connu nombre d'histoires macabres et d'énigmes, parfois criminelles comme la fameuse affaire du Courrier ou encore celle du supposé empoisonnement du dauphin François, fils aîné de François Ier, sur ordre de Charles Quint. Plongeons ensemble grâce à notre guide dans les profondeurs du Lyon mystérieux dominé par l'extraordinaire Fourvière, la « colline qui prie », où fut fondée la ville de *Lugdunum* sur le site d'un sanctuaire gaulois antérieur dédié au dieu Lug ».

LES « ARÊTES DE POISSON »

Sous la Croix-Rousse se situe l'un des plus grands mystères de la cité. Les « arêtes de poisson » sont des galeries souterraines qui s'étirent sur près de deux kilomètres. Ce réseau en forme de squelette de poisson, aussi surnommé « réseau de Fantasques » part du Rhône et s'aventure jusqu'à la rue Magneval. Ces galeries souterraines ont été redécouvertes dans la première moitié du XXe siècle au moment de la construction du tunnel de la Croix-Rousse, le percement de ce dernier avait endommagé deux d'entre elles. Elles dateraient de l'Empire Romain et nul ne sait vraiment à quoi elles servaient. Certains parlent d'un réseau permettant de relier l'ancienne citadelle royale Saint-Sébastien et le Rhône, d'autres affirment qu'elles ont pu servir de cachette au fameux trésor des Templiers. Mystère. Leur instabilité empêche hélas toutes visites régulières de touristes.

La Saône à Lyon.

J. 6
Les Traboules de Lyon

Les pentes de la Croix-Rousse semées de traboules et d'escaliers offrent un dédale de rues, de passages, de places et de points de vue à couper le souffle sur les Alpes, le Rhône et la Saône. Mais que sont donc ces étonnants passages qui sillonnent la colline ? Leurs noms viendraient du latin *transbulare*, « relier », « traverser ». Leur histoire daterait du IVe siècle. Et, si elles font tant fantasmer, c'est sans doute à cause de leur côté « passage secret ». Il y en a plus de trois cents dans le Vieux-Lyon. À la Renaissance, avec l'augmentation de la population, les Lyonnais ont fait le choix de construire de nouveaux immeubles, sans remettre en question le dessin des quartiers du Moyen Âge. Pour éviter les détours, la traboule était la solution. *Idem* au XIXe siècle. Ainsi, il est possible de descendre du haut de la Croix-Rousse jusqu'à la place des Terreaux en ligne droite rien qu'en les empruntant.

Lyon. Située en plein cœur de Lyon, dans le Ier arrondissement, cette passerelle rouge foncée particulière est suspendue par des câbles à des piliers en pierre. Elle a été baptisée « passerelle Saint-Vincent » et relie le quai Saint-Vincent au quai Pierre-Scize…

Lyon. La montée du Garillan qui permet l'accès aux hauteurs de Fourvière.

À Lyon, coulent trois fleuves : le Rhône, la Saône... et le Beaujolais !

ADRESSES UTILES

- Office de tourisme de Lyon
https://www.visiterlyon.com
- Office de tourisme de Mâcon
https://www.macon-tourisme.com

UNE GASTRONOMIE AU TOP !

Lyon est connu dans le monde entier comme la ville de la gastronomie française et le berceau de la plupart des plats traditionnels. La ville a acquis cette renommée au début du XVIIIe siècle, avec l'ouverture par les « mères » d'établissements de restauration familiale. Au fil du temps, leur délicieuse cuisine séduisit célébrités, hommes d'affaires, politiciens, etc. L'une de ces cuisinières était la mère Brazier, mentor du fameux Paul Bocuse qui introduisit la nouvelle cuisine à Lyon. Alors, laissez votre estomac se réjouir en dégustant grattons (préparation composée de morceaux de viande et de graisse animale salés, frits et consommés froids avec une salade), cardons à la moelle, tablier de sapeur (composé principalement de tripes panées, accompagnées de pommes de terre et d'une sauce spéciale), petit salé et bugnes (beignets).

Bouchon dans le vieux Lyon. Pour les visiteurs, c'est un monde de délices qui s'ouvre...

La Gironde

Histoire, vins et patrimoine

Bordeaux – Cussac-Fort-Médoc – Royan – Cognac – Bordeaux

L'histoire de Bordeaux se raconte à travers celle de ses vins, dont la renommée mondiale la positionne comme une véritable marque internationale. Entre terre et mer, cet itinéraire original jusqu'à l'estuaire de la Gironde nous mène au cœur du Sud-Ouest pour en découvrir les contours et les reliefs, ce que seule permet la navigation. Monuments historiques, domaines de prestige, villes balnéaires rythment cette croisière ou le mot terroir prend tout son sens à chaque escale.

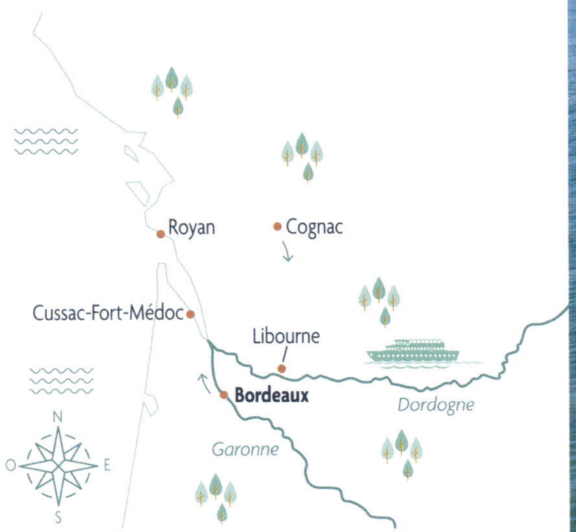

Le *Cyrano de Bergerac* quittant Royan.

JOUR 1

Bordeaux — Cussac-Fort-Médoc

MUSTS

- Le Médoc, un terroir de prestige
- Cognac, berceau de la plus célèbre eau-de-vie au monde, et son musée des arts
- Saint-Émilion, ville médiévale
- Royan, cité balnéaire au charme des années 1950

INFOS PRATIQUES

- Tout public
- Le printemps, l'automne et le tout début de l'été

L'embarquement se fait quai des Chartrons, en fin d'après-midi. Le bateau peut accueillir jusqu'à 174 passagers grâce à ses 87 cabines. Sa base se trouve au cœur d'un quartier animé et vivant, non loin de la fameuse Cité du vin, on peut donc en profiter pour flâner sur la longue promenade arborée aménagée le long de la Gironde. Des passagers de plusieurs continents montent à bord, Américains du Nord, du Sud, des Japonais et des Européens bien sûr – Français, Belges et Suisses. Un cosmopolitisme qui témoigne assez de la belle notoriété internationale de Bordeaux et de sa région.

Bordeaux. Le quai des Chartrons tire son nom de celui d'un ancien faubourg sis près d'une abbaye de Chartreux. On y trouve des commerces de vin, des antiquaires et des brocanteurs.

Bordeaux. La basilique Saint-Michel et sa flèche.

BORDEAUX, ROYAUME DES VINS

Le nom de la ville de Bordeaux est bien sûr, depuis des siècles, synonyme de « cité des bons vins ». L'histoire débute, à vrai dire, à l'époque romaine, lorsque des soldats venus de l'autre côté des Alpes ont planté les premiers cépages en Gironde. Plus tard, au Moyen Âge, les moines ont, comme souvent en matière œnologique, joué un rôle clé dans l'expansion de la viticulture en Bordelais, en utilisant le vin dans les cérémonies religieuses. Le vignoble bordelais va aussi bénéficier d'un fait historique important. Aliénor d'Aquitaine épouse à Bordeaux, en 1152, Henri Plantagenêt, qui deviendra roi d'Angleterre en 1154. Dès lors province anglaise, le Bordelais détient le monopole pour la production, la vente, l'expédition et la distribution des vins vers la Grande-Bretagne. Un état de fait favorisant l'essor de la vente et qui va se poursuivre jusqu'en 1453, date de la bataille de Castillon, qui signe la fin de la guerre de Cent Ans. L'Aquitaine redevient dès lors française.

J. 2
Cussac-Fort-Médoc — le Médoc — Estuaire de la Gironde

Le Château Loudenne, au cœur du Médoc.

Après le petit-déjeuner, la découverte des grands crus de Médoc se fait en autocar. Ce terroir de prestige est l'écrin des vins rouges les plus réputés de la planète, Saint-Julien, Châteaux Lafite-Rothschild, Latour et Mouton-Rothschild. La route bucolique bordée de vignobles rectilignes sillonne entre de superbes châteaux aux architectures stylées. Cette escale donne lieu à une dégustation commentée par un œnologue. Enserrée entre un océan et un estuaire, le Médoc, cette contrée d'exception, possède un caractère bien particulier dont nous savourons toutes les facettes. Une fois de retour au bateau, la navigation reprend vers l'estuaire, afin de rejoindre Royan en fin d'après-midi. Marais, Meschers-sur-Gironde et ses falaises abruptes, les maisons troglodytiques et les cabanes de pêcheurs défilent… Le soir, une conférence intitulée « Entre terre et mer, l'estuaire de la Gironde, le plus grand et le mieux préservé d'Europe » est proposée à bord.

LES CHARMES DU MÉDOC

Le Médoc est doté d'une forte identité due notamment à son histoire. Cette véritable presqu'île est délimitée à l'ouest par l'océan Atlantique, et à l'est par l'estuaire de la Gironde. Il prend fin à la Jalle de Blanquefort, appelée aussi Jalle noire, mais sa limite inférieure passe également par Le Porge et prend fin au niveau de la réserve naturelle des marais de Bruges. L'ancien nom du Médoc est *Meduli litus*. Deux théories s'affrontent quant à son origine. L'une soutient que la traduction latine signifierait littéralement « entre deux bords », l'autre que l'origine de ce nom viendrait des Médulles, une tribu de montagnards gaulois. L'influence romaine fût profitable à la région puisque c'est à cette époque que les envahisseurs latins introduisirent la viticulture. Depuis ce temps, le Médoc a établi de par le monde une réputation sans pareille…

Le Château Laffite-Rothschild vu des vignes.

J. 3
Royan – Cognac – Royan – Libourne

Arrivée à Royan.

Arrivés la veille en fin d'après-midi à Royan, il faut profiter du moment avant dîner pour se promener aux abords du port et profiter de l'ambiance alentour. Le matin du troisième jour, le car part pour Royan pour un tour panoramique de cette jolie petite ville balnéaire de la côte atlantique. Connue pour son architecture typée Belle Époque, ici plane encore le parfum de ces années où le tourisme battait son plein. Aspects moins réjouissants de la cité, mais faisant tout autant partie de son histoire, comme les reconstructions, celles nécessaires après la Seconde Guerre mondiale ou celle de la cathédrale Notre-Dame rebâtie en 1955. Sa conception architecturale moderne, totalement novatrice, a fait grand bruit à l'époque. Retour à bord pour déjeuner, avant de repartir pour Cognac, au musée des Arts du cognac, où chacun est invité à une dégustation de la « liqueur des dieux ».

COGNAC, LA VILLE ET SON MUSÉE

La cité natale de François Ier est riche d'une histoire et d'un patrimoine historique remarquables et dont l'intérêt dépasse la seule réputation de ses spiritueux. C'est au Roi-Chevalier que l'on doit le lancement d'un florissant commerce du sel via le fleuve Charente. Depuis cette époque, puis celle qui voit le développement du négoce des eaux-de-vie, les quais de la Charente demeurent les points focaux de la ville. Les deux tours appelées tours Saint-Jacques ou porte des Ponts sont les vestiges les plus visibles de ce qu'était l'enceinte fortifiée médiévale. À découvrir, bien sûr, Le château des Valois où François Ier vit le jour en 1494, l'église Saint-Léger construite vers 1130-40, en forme de croix latine avec coupoles. À remarquer, les signes du zodiaque et les travaux des mois de l'année sur son portail, la maison de la Lieutenance avec son rez-de-chaussée en pierre de taille et son élévation à pans-de-bois et encorbellements, le jardin public, l'hôtel de ville et le musée d'Art et d'histoire.

Cognac. La porte Saint-Jacques, vestige de l'ancienne enceinte médiévale.

J. 4
Libourne — Saint-Émilion

C'est depuis Libourne, petite cité paisible aux charmes d'antan, que les passagers partent en autocar pour la visite de Saint-Émilion. Inscrit sur la liste du Patrimoine mondial de l'humanité depuis 1999, ce haut lieu du Bordelais concentre la fine fleur du tourisme international. Mythique par excellence, nichée au cœur des vignobles du même nom mais aussi de ceux de Fronsac et de Pomerol, cette ville médiévale a conservé tout son charme d'origine. Accompagnés d'un guide, les voyageurs commencent leur déambulation dans les dédales des ruelles escarpées ; les façades mystérieuses et les cours cachées se dévoilent au long de la balade. Le clou du spectacle est, sans nul doute la visite de l'incroyable cathédrale monolithe souterraine du XIIe siècle. À l'issue de la visite, une nouvelle halte dans une propriété viticole de renom réjouit cœurs et palais.

Le *Cyrano de Bergerac* à Libourne.

LIBOURNE ET SES CARRIÈRES DE CALCAIRE

Libourne, ancienne bastide royale anglaise au confluent de l'Isle et de la Dordogne, s'est développée autour de son port. Vous pourrez découvrir l'église Saint-Jean-Baptiste, la place Abel-Surchamp ou encore l'église monolithe, c'est-à-dire creusée dans un seul bloc de pierre. C'est un édifice souterrain qui date du début du XIIe siècle. Son clocher haut de 68 mètres, l'élégance de trois grandes « fenêtres » en façade et de son portail gothique rappellent l'intensité de l'activité religieuse au Moyen Âge. Les carrières elles aussi témoignent du dynamisme de la région. Pendant près d'un millénaire, entre le IXe et le XIXe siècle, les carriers ont travaillé sans relâche à l'extraction de millions de blocs de pierre destinés aux grands chantiers de construction, depuis Saint-Émilion jusqu'à Bordeaux.

Les vignes et le village de Saint-Émilion.

J. 5
Bordeaux

Tout l'après-midi, s'effectue la navigation vers Bordeaux sur la Garonne, profitant allègrement du pont soleil et des transats. D'aucuns bavardent autour d'un café, tout le monde se connaît après quelques dîners, déjeuners et excursions partagés, d'autres échangent adresses et photos – la fin de la croisière est proche. Quelques-uns lisent, d'autres méditent en admirant les paysages qui défilent. Après le dîner, pour les plus curieux, c'est l'heure d'une visite de Bordeaux *by night*.

BORDEAUX

Juste avant la romanisation, la région bordelaise est occupée par un peuple celte, les Bituriges qui a investi toute l'embouchure de la Gironde. « Burdigala » est alors leur chef-lieu. La cité devient, avec le duché d'Aquitaine et ses alliances anglaises, une ville d'importance. Ses quais sont aménagés au XVIIIe siècle pour faciliter le commerce du vin, source même de la prospérité de la région. Ils sont utilisés pour le stockage et le transport. Au fil du temps, ils seront transformés. Aujourd'hui lieux de villégiature, ils abritent de nombreux bars, restaurants et caves.

Bordeaux. La place de la Bourse et son célèbre miroir d'eau, situé face à ce bâtiment monumental vieux de près de trois siècles et sa fontaine des Trois-Grâces.

L'AUTOMNE ET LA CITÉ DU VIN

L'automne est la saison idéale pour visiter Bordeaux et sa région. Outre les vendanges et la célébration du vin nouveau, cette saison fait bénéficier ses visiteurs d'un climat océanique doux qui leur permet de goûter aux plaisirs de la promenade le long des quais. Une belle occasion également de découvrir la Cité du Vin, un lieu désormais incontournable.
Le Bordelais est l'une des meilleures régions vinicoles du monde et la visite de ce nouvel espace vous en convaincra une fois encore. Derrière sa fascinante architecture extérieure, inspirée d'un décanteur, la Cité du Vin nous en raconte l'histoire via une exposition permanente articulée autour de vingt espaces thématiques passionnants.

Bordeaux. La Cité du Vin. Elle regroupe tous les savoirs connus autour du vin, à travers les différents pays et les différentes cultures.

À quai à Bordeaux.

ADRESSES UTILES

- Office de tourisme de Bordeaux
https://www.bordeaux-tourisme.com
- Office de tourisme de royan
https://www.royanatlantique.fr
- Office de tourisme de Saint-Émilion
https://www.saint-emilion-tourisme.com/fr/

Riche de son patrimoine et de sa culture, le Bordelais recèle des pépites qui méritent vraiment le détour.

Les vignes de Château Latour.

La Seine des peintres impressionnistes

De Paris à Honfleur

Paris – Melun – Barbizon – Mantes-la-Jolie – Giverny – Rouen – Honfleur

Cette croisière thématique originale est dédiée aux esthètes en quête d'art et de culture. Si l'itinéraire est assez classique, le programme des excursions a été conçu de manière à permettre au voyageur une immersion totale dans l'univers de ce mouvement pictural qui émergea en France à la fin du XIXe siècle. Musées des Beaux-Arts, demeures somptueuses, jardins dédiés, sites emblématiques rythment le parcours de leurs histoires singulières...

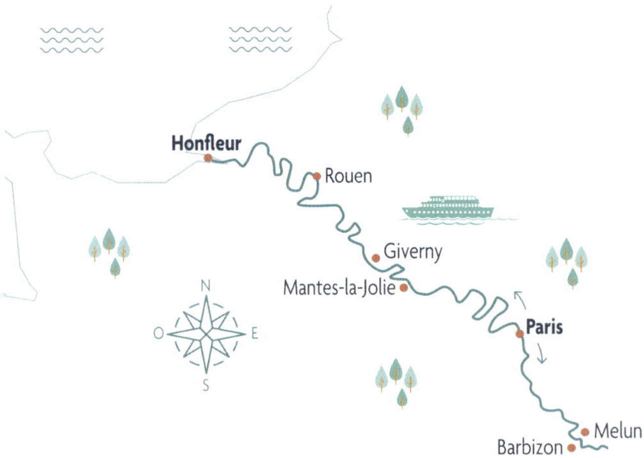

Le *Renoir* sur la Seine.

RENOIR

MUSTS

- Découverte des plus belles étapes qui ont inspiré les artistes tels que Monet, Renoir, Boudin et bien d'autres
- Visites des hauts lieux de l'art impressionniste (Melun, Barbizon)
- Rouen
- Honfleur
- Barbizon, berceau de l'impressionnisme
- Étretat et la Côte d'Albâtre, rendez-vous incontournable des peintres impressionnistes

INFOS PRATIQUES

- Tout public et particulièrement pour les amoureux de l'impressionnisme
- Toutes saisons

JOUR 1

Paris

L'embarquement se fait quai de Grenelle au pied de la tour Eiffel. À bord, l'ambiance est feutrée et cosy. Dans le hall de réception est accrochée une belle reproduction des *Nymphéas* de Monet. Le ton est donné d'emblée, l'impressionnisme s'invite à bord pour faire vivre aux passagers une parenthèse picturale hors du commun. En ce premier jour, après leur installation dans les cabines, les croisiéristes sont conviés à une conférence consacrée à la « Définition de l'impressionnisme, les origines, la technique, le contexte », ce qui doit favoriser leur immersion dans le sujet.

Le *Renoir* au pied de la tour Eiffel.

Melun, dans un méandre de la Seine, aux portes du Grand Paris.

J. 2

Melun — Barbizon, lieu mythique de la peinture pré-impressionniste

Première matinée de navigation qui mène à Melun, à 41 km au sud-est de Paris, nichée dans un méandre de la Seine, entre la Brie et le Gâtinais. Impatients d'assister au spectacle de la nature, foisonnante sur les berges, la majorité des participants sont montés sur le pont pour admirer les rives. Une brume légère nimbe le fleuve de volutes vaporeuses et leur donne un aspect ouaté. Ces paysages qui défilent, leurs couleurs éclatantes, leurs nuances subtiles ont sans doute fourni de belles sources d'inspiration aux artistes. Côté proue d'ailleurs, l'un des passagers, palette et pinceaux à la main, reproduit sur une toile la vue qui s'offre à lui à l'avant du bateau. Quelques-uns contemplent son travail tandis que d'autres, calés dans un transat dévorent des ouvrages de référence. À travers leur passion commune pour l'art, les contacts entre passagers se nouent bien volontiers et les ressentis se partagent sans retenue. Le déjeuner vient ponctuer cette matinée de contemplation. En début d'après-midi, le car prend la route vers Barbizon, village mythique de la peinture pré-impressionniste en France. Un détour par le sentier des peintres sur les traces de Corot, Millet, Rousseau et bien d'autres, ainsi que le musée des peintres installé à l'auberge Ganne, permet de mieux comprendre la création « de l'intérieur ».

Mosaïque dans une ruelle de Barbizon, cité des peintres et des artistes.

BARBIZON ET SON ÉCOLE

Ce charmant village est un des endroits mythiques de la peinture pré-impressionniste en France. Dès 1830, ce qui est encore un hameau de bûcherons accueillera à l'auberge Ganne tous les peintres qui viennent chercher l'inspiration auprès d'une nature intacte. Ils trouvent leurs sujets dans la campagne ou la forêt de Fontainebleau toute proche. Vous arpenterez le sentier des peintres sur les traces de Corot, Millet, Rousseau et bien d'autres. Puis vous visiterez le musée des peintres installé à l'auberge Ganne où vous découvrirez les salles du rez-de-chaussée, salles à manger et épicerie. Les meubles et panneaux décorés par les artistes et les objets du quotidien ont été replacés, restituant l'atmosphère du lieu au XIXe siècle. Vous pourrez notamment admirer la fresque sur bois, une œuvre collective de Théodore Rousseau, Narcisse Diaz, Célestin Nanteuil et Louis Godefroy Jadin.

Au premier étage, vous pourrez également voir dessins, peintures, estampes et même graffitis apposés par les artistes sur les murs de ce qui fut leurs chambres.

L'auberge Ganne, lieu emblématique de la vocation picturale de Barbizon.

La façade du musée départemental des Peintres.

Mantes-la-Jolie. La collégiale Notre-Dame, « petite sœur » de Notre-Dame-de-Paris, en bord de Seine.

J. 3 Melun — Paris, les lieux de prédilection des impressionnistes

Après la première journée d'immersion riche en découvertes, depuis Melun, le bateau met le cap vers la capitale pour visiter l'après-midi durant l'un des temples de l'impressionnisme au cœur de Paris, le musée Marmottan Monet. Cet écrin du premier fonds mondial d'œuvres impressionnistes regorge de merveilles. Dans le sens inverse, la navigation ne semble pas tout à fait la même. La lumière est différente, les perspectives changent, l'allure aussi puisque nous naviguons vers l'aval. Tous ces paramètres modifient la perception de ce que l'on voit, c'est un autre voyage qui naît sous les yeux. Après cette visite incontournable, on revient à bord en fin d'après-midi. Une conférence intitulée « Claude Monet, la quintessence de l'impressionnisme », est proposée. La navigation se poursuit de nuit vers Mantes-la-Jolie.

LE MUSÉE MARMOTTAN MONET

Le superbe hôtel particulier de Paul Marmottan, au décor Empire préservé, abrite aujourd'hui le musée Marmottan Monet. Il présente la plus grande collection d'œuvres de Monet au monde.

Aux côtés de l'incontournable *Impression, soleil levant*, une centaine de chefs-d'œuvre légués par la famille du peintre et ses plus proches amis s'offrent aux regards : paysages d'Argenteuil, cathédrale de Rouen, Nymphéas et vues du jardin de Giverny... La collection constitue un incroyable florilège de l'œuvre du maître de l'impressionnisme. Plus loin, scènes bucoliques et portraits de jeunes filles en fleur illustrent le talent de Berthe Morisot, première femme membre de l'École. Un incroyable ensemble qui constitue la plus importante collection publique de l'artiste.

L'ancien pavillon de chasse du duc de Valmy, transformé en hôtel particulier par son fils Paul Marmottan et légué à l'Académie des beaux-arts, est devenu le musée Marmottan, espace d'exposition privilégié des impressionnistes.

Château-Gaillard, aux Andelys. Richard Cœur de Lion, qui fit bâtir cette forteresse, l'appelait sa « fille ».

J. 4 Mantes-la-Jolie — Giverny, sur les traces de Claude Monet — Rouen

C'est depuis Mantes que l'on part en direction de Giverny en autocar pour visiter la demeure de Claude Monet et ses luxuriants jardins fleuris. Au sein du groupe, l'émotion monte, pénétrer à Giverny, c'est toucher le cœur de l'impressionnisme et sentir la puissance du génie créateur de l'artiste. Ici, tout semble resté intact dans cette demeure charmante, avec ses meubles d'époque et son ambiance légèrement surannée. Les mises en scènes très réalistes et l'omniprésence des tableaux donnent l'impression qu'il est possible de croiser le maître au détour d'un escalier tant sa présence reste palpable. De retour au bateau pour le déjeuner, les convives échangent émotions et points de vue. C'est aussi cela le charme d'une croisière intimiste, la possibilité de partager avec chacun. L'après-midi de navigation permet d'atteindre Rouen dans la nuit, apercevant tout près le superbe château de la Roche-Guyon, offre à chacun une douce parenthèse.

Le pont japonais du jardin de Monet à Giverny.

ROUEN, CAPITALE DE L'IMPRESSIONNISME

La « ville aux cent clochers », dont Monet peignit la cathédrale et Pissarro le port à toute heure du jour, offre aux visiteurs une expérience unique. Tel un peintre, laissez-vous charmer par le jeu des nuages du ciel rouennais, des reflets sur la Seine ou encore des variations de lumières sur la façade de la cathédrale Notre-Dame. Puis vos pas vous guideront au musée des Beaux-Arts, qui abrite l'une des plus prestigieuses collections publiques de France, réunissant peintures, sculptures, dessins et objets d'art de toutes écoles, du XVe siècle à nos jours. C'est à Rouen que Monet, Pissarro ou Sisley et, à leur suite, toute une école de peintres aux palettes nuancées, ont inventé le mouvement pictural le plus connu au monde. La capitale normande devient un centre artistique incontournable.

J. 5

Rouen, sur les pas des impressionnistes

En ce matin du cinquième jour de croisière, il s'agit de parfaire les connaissances sur l'impressionnisme en partant à pied pour une visite guidée thématique de Rouen. Le bateau amarré à côté du centre, il ne faut que dix petites minutes pour s'y rendre. La visite guidée explique comment « la ville aux cent clochers » est devenue un lieu de prédilection pour Monet, Pissarro et bien d'autres. Le musée des Beaux-Arts abrite l'une des plus prestigieuses collections publiques de France. À bord, pour le déjeuner, un de ces délicieux menus « clin d'œil » aux spécialités locales attend les passagers. En début d'après-midi, le car reprend la route des abbayes. Jumièges, imposant témoignage de l'art roman normand avec sa nef à ciel ouvert, est une halte incontournable. De retour au bateau en fin d'après-midi, une nouvelle conférence intitulée « Géographie de l'impressionnisme : Paris et la banlieue, Honfleur et les côtes normandes » complète les visites de la journée.

L'abbaye de Jumièges dont les ruines conservent encore le souvenir des « Énervés », fils de Clovis II, échoués non loin de là.

LA ROUTE DES ABBAYES NORMANDES

Les abbayes normandes constituent un patrimoine extraordinaire. D'aucunes comptent parmi les fleurons de l'art roman normand comme Jumièges ou Saint-Georges de Boscherville. De Rouen à Fécamp et en vallée de Seine, neuf d'entre elles constituent un itinéraire parsemé d'histoires et de légendes. Découvrez les symboles du rayonnement de l'un des plus anciens et des plus importants monastères d'Occident, les hautes tours de l'abbaye de Jumièges, qui dominent le paysage d'une boucle de la Seine. Plus loin, fondée par saint Wandrille en 649, l'abbaye éponyme possède un patrimoine spirituel remarquable. À l'inverse de Jumièges, une congrégation de moines bénédictins s'y est réinstallée en 1931, la communauté compte aujourd'hui une quarantaine de moines.

Rouen. La capitale normande, fief de Rollon le Viking, premier duc après la signature du traité de Saint-Clair-sur-Epte en 911.

Honfleur. La ville, adorée des peintres et des touristes, vit naître à la pharmacie du « PassOcéan », le 20 octobre 1854, l'humoriste Alphonse Allais.

Les falaises d'Étretat cachent-elles le trésor des rois de France comme le pensait Arsène Lupin dans *L'Aiguille Creuse* ?

J. 6 Honfleur – Étretat, la Côte d'Albâtre

Après avoir navigué de nuit de Rouen à Honfleur, nous nous réveillons dans ce charmant petit port du Calvados. Le vent du large souffle, les embruns caressent les visages et les cheveux volent au vent. Au loin, le bruit des bateaux partant à la pêche se mêle au cri des goélands. À la fois cité des peintres, port de pêche, de commerce et de plaisance, cette petite ville radieuse a un charme fou. Accompagnés d'un guide, les passagers déambulent avec plaisir dans les ruelles pavées et pentues. Après un temps libre consacré à quelques emplettes, l'heure est au retour pour le déjeuner. Ensuite a lieu la visite d'Étretat, ses hautes falaises de craie blanche bordées de plages de galets, son arche et son aiguille. De retour au bateau, une soirée de gala attend les croisiéristes.

HONFLEUR, CITÉ DES PEINTRES

Tout comme le précurseur William Turner, nombreux sont les peintres qui sont tombés amoureux de la petite cité médiévale d'Honfleur en bord de mer, de ses ruelles ornées de maisons à colombages ou habillées d'ardoises. « Cité des Peintres » depuis le XIXe siècle, la ville a vu naître Eugène Boudin et inspiré de nombreux artistes. Sous l'impulsion de Boudin justement, Honfleur devient un centre de création exceptionnel.
Il réunit autour de lui de nombreux amis artistes mais aussi le poète Charles Baudelaire. Ce sera le début d'un nouveau mouvement pictural qui sera porté par Monet quelques années plus tard : l'impressionnisme. Berceau de cette école, Honfleur donc, dont chaque ruelle fut immortalisée à jamais entre nuances délicates, couleurs vives et subtils jeux de lumières. Au détour d'une ruelle pavée vous découvrirez l'ancienne cité fortifiée, la magnifique église en bois de Sainte-Catherine et bien sûr le célèbre Vieux Bassin. De la cité médiévale au port et sa promenade sur la jetée, suivez l'itinéraire des artistes, sentier qui passe également par la célèbre Ferme Saint Siméon, autrefois auberge, devenue aujourd'hui un très bel hôtel.

Terre d'accueil de Claude Monet, instigateur du mouvement impressionniste, la Normandie en est le berceau incontesté

ADRESSES UTILES

- Office de tourisme de Paris
https://parisjetaime.com
- Office de tourisme de Rouen
https://www.visiterouen.com
- Office de tourisme de Honfleur
https://www.ot-honfleur.fr

Le Rhin romantique

Le rocher légendaire de la Lorelei

Strasbourg – Coblence – la vallée du Rhin romantique – Rüdesheim – Mannheim – Strasbourg

Une croisière idéale pour parcourir villes et sites fabuleux du sud de l'Allemagne. Dotée d'un patrimoine méconnu voire sous-estimé, la vallée révèle un univers riche et saisissant, né d'un harmonieux mélange culturel et historique. C'est l'opportunité de visiter en une seule et même croisière, les plus beaux châteaux et musées, de parcourir les villages les plus typiques et de déguster les meilleurs produits. Savourez la beauté des lieux et laissez-vous envoûter par le chant de la Lorelei...

Le *Lafayette* sur le Rhin.

LAFAYETTE

JOUR 1
Strasbourg – Coblence

MUSTS

- La forteresse d'Ehrenbreitstein
- Le musée de la Musique mécanique à Rüdesheim
- Le vignoble
- Le rocher de la Lorelei
- Le château de Heidelberg

INFOS PRATIQUES

- Tout public
- L'hiver et le charme des villes allemandes à la veille de Noël. Le printemps avec les fêtes de Pâques, très célébrées outre-Rhin

Dès le départ à Strasbourg, le ton est donné : accueil chaleureux, équipage souriant, bateau à dimension humaine. Il accueille 82 passagers, dans 43 cabines doubles ou individuelles, disposées sur deux ponts. Tout est en place pour une balade de cinq jours sur le « Rhin romantique » qui inspira tant d'auteurs et d'artistes. Un périple surprenant qui s'achemine jusqu'à Coblence, à la confluence de la Moselle et du Rhin, puis à Rüdesheim, une charmante petite cité, renommée pour son vignoble, ses guinguettes, et Heidelberg et sa célèbre université.

Mais voici que déjà le bateau accoste à Coblence, célèbre pour sa basilique Saint-Castor construite entre 817 et 836, sa fontaine surmontée du Schängel, un gamin facétieux, symbole de la ville et son célèbre mémorial du Kaiser Wilhelm érigé en 1897 sur le Deutsches Eck (« promontoire ») de la cité. Coblence est l'une des plus belles et

Le *Lafayette* à Coblence.

Le célèbre « Deutsches Eck » à la confluence du Rhin et de la Moselle.

COBLENCE ET LES ÉMIGRÉS FRANÇAIS

À la Révolution, Coblence fut un point de chute pour nombre de nobles contraints de quitter la France. En premier lieu, les comtes d'Artois (futur Charles X) et de Provence (futur Louis XVIII), frères de Louis XVI. De là, ils souhaitent organiser une contre-révolution avec l'appui des armées des royaumes voisins, notamment des Autrichiens.

anciennes villes d'Allemagne. Résidence de l'archevêque-électeur de Trêves, la ville sert de quartier général aux « émigrés » pendant la Révolution. Ici, se marient avec bonheur un certain mode de vie « à la française » et la tradition allemande : caves à vin, ruelles étroites, petits coins romantiques et convivialité. Quatre collines, des vignobles et des bois entourent la cité. Dans la cour de l'hôtel de ville, la fontaine « Schängelbrunnen », emblème de Coblence, vaut le détour. À ne pas manquer, le téléphérique qui vous transporte depuis la basilique Saint-Castor jusqu'à la forteresse d'Ehrenbreitstein, bastion romain, puis château médiéval, témoin de nombreuses batailles.

EHRENBREITSTEIN

Une bâtisse extraordinaire se dresse à Coblence, sur l'éperon rocheux au-dessus de la confluence du Rhin et de la Moselle. Construite entre 1817 et 1828, elle était destinée à protéger la région du Rhin moyen. Située à 118 m au-dessus du Rhin, c'est la deuxième plus grande forteresse d'Europe.

L'extraordinaire forteresse d'Ehrenbreitstein domine le Rhin du haut de son éperon rocheux.

La vallée du Rhin romantique.

J. 2 Coblence – la vallée du Rhin romantique – Rüdesheim

On laisse derrière Coblence et ses impressionnantes fortifications afin de poursuivre le périple. À bord, rencontres et échanges s'établissent entre les passagers. Animations et dîners concourent à l'excellente ambiance. Et, le soir venu, tandis que le bateau glisse sur les eaux sombres, chacun regagne, l'esprit et l'estomac en paix, sa confortable cabine.

La beauté de cette balade de cinq jours sur l'un des plus impressionnants fleuves d'Europe, tient aussi à la splendeur des châteaux d'une densité et d'une variété uniques, et dont la présence s'étire sur près de 120 km. Depuis Bingen et Rüdesheim au sud, jusqu'aux collines des Siebengebirge au nord, il en existe plus de soixante. Demeures médiévales, élégants palais baroques ou forteresses impressionnantes créent ainsi un paysage architectural unique en son genre. Mais, au détour d'une boucle du fleuve, voici que se profile Rüdesheim, ville pittoresque au cœur de sa majestueuse vallée.

LA DROSSELGASSE

La Drosselgasse est une allée étroite et pittoresque qui sillonne le cœur de la vieille ville de Rüdesheim. Elle s'étend à peine sur 144 m mais abrite nombre de caves viticoles, de bars, de brasseries et d'échoppes où déguster de savoureux produits locaux. Mais l'arpenter, c'est aussi se laisser porter par les mélodies des concerts qui résonnent à chacune des haltes gastronomiques. Au XIXe siècle, la Drosselgasse était le lieu de prédilection des écrivains romantiques anglais et allemands dont l'ombre plane encore sur les lieux. À la fin de l'année, l'étroite ruelle accueille un très beau marché de Noël.

LE MUSÉE DES INSTRUMENTS DE MUSIQUE MÉCANIQUES DE SIEGFRIED

Premier du genre en Allemagne, le musée des Instruments de musique mécaniques vous fera découvrir 350 instruments de musique mécaniques des trois derniers siècles. Le Brömserhof, une demeure du XVe siècle située en haut de la fameuse Drosselgasse, accueille cette magnifique collection réunie par Siegfried Wendel. Mais la beauté des instruments ne peut se révéler que lorsqu'ils fonctionnent. C'est pourquoi seules les visites guidées sont autorisées. Une visite de l'exposition n'est possible qu'avec un guide qui mettra en marche les rouages de ces petites merveilles.

J. 3
Rüdesheim — Mannheim

Rüdesheim, avec son riche patrimoine culturel et ses paysages enchanteurs est une destination incontournable pour les voyageurs en quête d'authenticité. Vous serez séduit par son charme unique et son ambiance chaleureuse. Mais ce ne sont pas là les seuls atouts de la petite cité. Pour mieux les découvrir, il vaut mieux emprunter le petit train qui mène à travers le vignoble. Les fameuses vignes, déjà cultivées par les Romains et appréciées de Charlemagne, interpellent. Le Rheingau est une région viticole particulièrement prisée en Allemagne. Vous y goûterez au savoureux riesling, peut-être le meilleur cépage de vin blanc au monde en raison de son élégance et de son bouquet au délicat parfum de pêche. Durant la balade ferroviaire, l'histoire de la viticulture dans la région est expliquée, tout en profitant d'une vue imprenable sur Rüdesheim, le Rhin et, plus loin, l'abbaye Sainte-Hildegarde vouée à la grande compositrice et botaniste du Moyen Âge.

HILDEGARDE DE BINGEN

Compositrice, abbesse, guérisseuse, visionnaire, poétesse et prophétesse, Hildegarde de Bingen s'est illustrée dans tous les domaines (ou presque). Incarnation même pour ses contemporains de la femme cultivée, sa grande figure lumineuse éclaire le XIIe siècle. Hildegarde n'est pas seulement connue pour ses écrits mystiques, elle est également l'auteur de traités de médecine et de compositions liturgiques. Pour ses remèdes, elle puise l'inspiration dans la nature : plantes, fruits, animaux, pierres… Considérée comme la première naturaliste d'Allemagne, elle est aussi médecin et guérisseuse, l'une des plus renommées de son temps.

LE VIGNOBLE DE RÜDESHEIM

Situé au sud des pentes de Rüdesheim, le vignoble cultive des variétés de raisins comme le riesling, le *spitburgunder* (pinot noir), le *müller-thurgau* et le *graubourgunder*. La cave historique du Bassenheimer Hof, demeure seigneuriale du XVIe siècle, est très ancienne. Son nom a été mentionné pour la première fois dans les archives de la ville en 1647. Aujourd'hui, elle est gérée par la famille d'Adolf Sturzel qui exploite une entreprise viticole de dix hectares. Ses vins, qui se dégustent sur place, vont du plus sec au plus doux.

Rüdesheim et son vignoble.

J. 4
Le Rhin

Le paysage rhénan est, dès la fin du XVIIIe siècle, au cœur de l'inspiration du jeune mouvement romantique. Goethe, écrivain et naturaliste, vantait déjà la beauté du fleuve. Dès le milieu du siècle suivant, les premiers touristes montent sur les tout récents bateaux à vapeur qui sillonnent le fleuve. L'un des premiers fut lord Byron, le grand poète anglais dont les récits de voyage popularisèrent le Rhin auprès de ses compatriotes. D'autres auteurs comme Clemens Brentano ou Heinrich Heine furent aussi captivés par sa magie.

Si beau qu'il soit, le fleuve est pourtant souvent dangereux. La raison principale est sans nul doute la présence de nombreux bancs de sable qui rendent sa navigation difficile. On doit d'ailleurs à cette dangerosité, la plus célèbre de toutes les légendes rhénanes, celle de la Lorelei. C'est dans une zone étroite du Rhin, près de Saint-Goarshausen, où les falaises escarpées surplombent des eaux souvent tumultueuses et où périrent de nombreux bateaux, qu'est né le conte de la sirène blonde qui, depuis le sommet du roc, attire les marins. Si d'un point de vue géographique, Lorelei est le patronyme d'un rocher haut de 132 m, c'est aussi, dans la mythologie germanique, celui d'une nixe, l'équivalent des nymphes grecques.

Le rocher de la Lorelei.

Statue de la Lorelei, ensorcelante sirène dont la légende hante les lieux.

LA LÉGENDE DE LA LORELEI

Lorelei est donc une ensorceleuse, une magicienne. Le fils d'un comte rhénan, intrigué par ce qu'on lui disait de la beauté de la jeune femme et de la splendeur de sa voix, tenta de s'approcher d'elle et, fasciné par son chant, se noya dans les eaux sombres. Apprenant qu'elle était responsable de la mort de son héritier, le comte décida de châtier la coupable, mais la Lorelei appela à l'aide son père, le Rhin, qui envoya une vague l'arracher aux griffes de ses agresseurs. Son chant s'élève toujours les nuits de tempête près du rocher.

Heidelberg, l'une des plus anciennes villes universitaires d'Europe.

J. 5 Heidelberg

Dernière étape, Heidelberg, sa mythique université, la plus ancienne d'Allemagne, fondée en 1386 par Ruprecht Ier du Palatinat. Le savant néerlandais Marsilius d'Inghen, venu à Heidelberg depuis Paris, en a été le premier recteur. Au XVIe siècle, le lieu a évolué en un centre d'humanisme et, avec la défense des *Quatre-vingt-quinze Thèses* de Luther, en bastion protestant. Le catéchisme de Heidelberg, rédigé en 1563 reste à ce jour fondamental pour l'Église réformée. Après une période difficile, notamment lors des années de dictature nazie, l'université, réorganisée, est à présent largement célébrée pour son haut niveau de recherche, mais aussi pour sa libéralité et son ouverture aux nouvelles idées.

Le château, lui, vit naître la fameuse « princesse Palatine », épouse de Monsieur, frère de Louis XIV et probablement la plus drôle et la plus audacieuse des mémorialistes du Grand Siècle. Connu à travers le monde entier, le château de Heidelberg est le symbole même du romantisme allemand. Aujourd'hui encore, ses ruines surplombent majestueusement les étroites ruelles et l'enchevêtrement pittoresque des toits de la vieille ville. Pendant cinq siècles, les princes-électeurs du Palatinat de la maison de Wittelsbach, celle dont est issue la célèbre « Sissi », y ont résidé. Le Grand Tonneau reste l'une de ses principales attractions. Installé dans le sous-sol du bâtiment par Johann Kasimir, oncle et tuteur du futur Frédéric IV afin de contenir les 130 000 litres de vin collectés pour la dîme du Palatinat, il fascine encore par sa taille inégalée les nombreux visiteurs. Dans le hall royal attenant, les électeurs palatins célébraient des fêtes somptueuses.

LE CHÂTEAU

Le château de Heidelberg fut construit sur une période de plus de trois cents ans. Aujourd'hui encore, on peut y admirer nombre d'éléments architecturaux qui témoignent d'époques différentes tant gothique que Renaissance. La guerre de Trente Ans mit fin à son âge d'or. Les autres conflits qui déchirèrent par la suite la région empêchèrent sa reconstruction. Son jardin, surnommé le « jardin du Palatinat », considéré à l'époque de sa création comme la huitième merveille du monde, resplendit toujours d'un éclat tout particulier.

Le Rhin, entre Kehl et Strasbourg.

J. 6 Strasbourg

Impressionné par les châteaux sublimes et gothiques qui jalonnent les rives du fleuve, et imprégnés de l'énergie mystérieuse et inquiétante des eaux rhénanes, il faut abandonner le cours de l'eau après cinq jours de magie. À l'issue de ce périple aux jours, comme aux soirées, chaleureuses et animées, bien remplies, le retour à Strasbourg se fait à regret, mais cette équipée à bord ne restera pas longtemps sans suite tant la croisière reste un moyen inédit de changer de perspective, de regard et de découvrir le grand fleuve allemand par d'autres moyens que la voie terrestre.

L'Ill, colonne vertébrale de la ville, est reliée au Rhin par d'anciens bras désormais canalisés. Plusieurs de ses affluents traversent les différents quartiers de la cité alsacienne.

LE RHIN DES POÈTES, DES ROMANCIERS...

Depuis plus de deux mille ans, le Rhin est au cœur de la culture et de l'histoire européennes. Cette frontière naturelle tantôt trait d'union, tantôt source d'affrontements, a inspiré de nombreux écrivains français et allemands. Ils ont célébré le fleuve sous les angles les plus variés : mythes, légendes, poèmes, écrits politiques, récits de voyage... L'un de ses premiers chantres fut lord Byron, le grand poète anglais dont les récits de voyage popularisèrent le fleuve auprès de ses compatriotes. Dans *Le Pèlerinage de Childe Harold*, il trouve des accents grandioses pour évoquer la « maternelle nature » qui entoure le « Rhin majestueux ». Quant à Mary Shelley, elle évoque dans *Frankenstein* le paysage rhénan, ses forêts impénétrables et ses collines pourtant aimables. Hugo, lui, déplore : « Le Rhin est le fleuve qui doit [...] unir [l'Allemagne et la France] ; on en a fait le fleuve qui les divise. » D'autres auteurs comme Clemens Brentano (*Ballade de la Lore Lay*) ou Heinrich Heine (*La Lorelei*) furent aussi captivés par sa magie. Figurent également en bonne place le Rhin d'Apollinaire, celui « dans quoi se peignent les ensorcelantes filles aux blonds cheveux sans fin » d'André Breton et de Max Ernst, celui d'Aragon : « Dans le Rhin noir pleuraient des filles-fées. »

ADRESSES UTILES

- Rhin-Tourisme Tal der Loreley
www.loreley-touristik.de
- Office de tourisme Koblenz
www.koblenz-touristik.de
- Office de tourisme Rüdesheim
et Assmannshausen
Heidelberg Marketing GmbH
- Cave Weingut Adolf Storzel
https://weingut-adolf-stoerzel.de
- Le musée de la Musique mécanique
Siegfrieds Mechanisches Musikkabinett

Strasbourg et sa magnifique cathédrale, point focal de la cité.

... DES PEINTRES ET DES MUSICIENS

Le Rhin appartient aussi aux peintres : Turner et son *Arc-en-ciel – Vue du Rhin et de son rocher de la Lorelei*, Macke et ses *Pêcheurs sur le Rhin*, Fantin-Latour avec *Siegfried et les filles du Rhin* ; et aux musiciens, avec *L'Or du Rhin* de Wagner, mais aussi les *Chants du Rhin* de Bizet, *Sonntags am Rhein*, *Auf dem Rhein*, *Der Deutsche Rhein*, « chant patriotique » de Schumann...

Les trésors du Rhin

D'Amsterdam à Bâle

Amsterdam – Nimègue – Cologne – Coblence – Mayence – Strasbourg – Vieux-Brisach – Bâle

Relier Amsterdam à Bâle par le Rhin permet de découvrir la singulière histoire de l'Europe du Nord et de visiter trois pays : les Pays-Bas avec Amsterdam, la Suisse avec Bâle, cité de l'Art, en passant par Strasbourg, la capitale européenne. Rythmée par des escales qui méritent le détour, cette croisière conjugue culture et nature, héritages de la vieille Europe. Entre romantisme, poésie et musique, cette balade au fil du Rhin ravira esthètes et amoureux de beaux paysages.

Sur le Rhin…

JOUR 1
Amsterdam et ses environs

MUSTS

- Amsterdam
- Le parc du Keukenhof
- Mayence dans les pas de Gutenberg
- Strasbourg, capitale européenne
- Colmar et le musée Unterlinden

INFOS PRATIQUES

- Tout public
- Toutes saisons

C'est en fin d'après-midi, à Amsterdam, sur le quai Ruijterkade Oost, à droite de la gare centrale, qu'a lieu l'embarquement. Pour ceux qui ne connaissent pas cette capitale pleine de charme, c'est peut-être l'occasion d'arriver un peu plus tôt pour la découvrir par eux-mêmes. Le bateau dispose de 55 cabines pouvant accueillir 107 passagers. Une fois montés à bord, les croisiéristes vont se laisser porter huit jours durant sur l'un des fleuves les plus romantiques d'Europe. Flâneries culturelles et agréables moments de détente s'annoncent à l'horizon de ces vacances au fil des eaux mystérieuses du Rhin.

Amsterdam, ses canaux, ses péniches et ses maisons hollandaises typiques.

FAIRE L'EXPÉRIENCE D'AMSTERDAM À VÉLO

Rien de tel pour villégiaturer dans les lieux secrets et insolites de la ville que l'expérience d'Amsterdam à vélo. Le moyen de locomotion favori des autochtones deviendra vite le vôtre ! Les loueurs de bicyclettes abondent et il vous sera facile de vous en procurer une. La pratique du vélo est une institution en ville. Une multitude de pistes cyclables traverse la capitale néerlandaise, constituant un réseau tentaculaire parmi les plus grands d'Europe. Si vous le souhaitez, vous serez accompagné par un guide pour un petit tour d'environ 2 h 30, qui vous permettra d'avoir une autre perspective sur les canaux et de vous immiscer dans les lieux insolites et secrets connus des seuls Amstellodamois et ce pour une expérience immersive dans la capitale.

Amsterdam, cité des amoureux du vélo.

Le moulin Rieker, l'un des plus anciens de la ville.

J. 2

Amsterdam et ses environs

Un grand tour panoramique en car permet d'avoir une vue globale sur les différents quartiers, périphériques et centraux. Les diverses architectures de briques typiques avec leurs frontons travaillés témoignent de l'éclectisme et de la créativité des Hollandais. Le célèbre moulin Rieker, l'un des plus vieux d'Amsterdam, situé sur la rive de l'Amstel, marque le premier arrêt, avant d'entrer dans le cœur historique de la cité. La visite des coulisses d'un grand diamantaire et le tour au marché aux fleurs complètent le tour de ville. Tulipes, orchidées, narcisses, anémones, roses, pivoines… en bouquets ou en bulbes, offrent aux visiteurs émerveillés belles couleurs et douces fragrances. L'après-midi, les allées de l'incroyable parc floral Keukenhof s'ouvrent aux visiteurs. Et, le soir venu, le bateau lève l'ancre pour naviguer vers Nimègue.

LE PARC FLORAL DU KEUKENHOF

Situé près d'Amsterdam, Le parc floral du Keukenhof est l'un des plus beaux jardins du monde. Parc floral probablement le plus connu du pays, il est le symbole de l'importance culturelle des fleurs, particulièrement des tulipes, et de leur industrie aux Pays-Bas. Ancien domaine du château du même nom, il a été créé en 1949 par des producteurs de bulbes de fleurs. Ses parterres égayent les lieux de vives couleurs. Ils offrent aux visiteurs au fil du parcours de superbes créations qui charment par leurs couleurs et leurs parfums. Tulipes bien sûr mais aussi narcisses, jonquilles et autres fleurs à bulbes accueillent ainsi tout au long de l'année des centaines de milliers de visiteurs. Le Keukenhof, vaste de 32 hectares, est une des des attractions les plus populaires du pays.

Le parc de Keukenhof et sa star : la tulipe.

J. 3
Nimègue

En ce troisième jour de croisière, chacun semble avoir trouvé ses marques. Si la plupart des passagers partent en car jusqu'à Arnhem afin de visiter le musée néerlandais de plein air, quelques-uns préfèrent rester à bord et profiter du bateau et de la vue. Pour les excursionnistes, la visite de cet écomusée est un véritable voyage dans le temps à travers les us et coutumes des provinces des Pays-Bas. Après le déjeuner, cap vers Cologne.

Le musée d'Arnhem. À la recherche des Pays-Bas d'autrefois.

LE MUSÉE DE PLEIN AIR D'ARNHEM

Cet écomusée néerlandais de plein air rassemble près de 80 maisons historiques, fermes et moulins. Le concept ? Donner une vision réaliste de ce qu'était la vie au cours des derniers siècles pour un Hollandais ordinaire. Il se compose d'un grand parc et de divers bâtiments d'exposition. Plus de 80 demeures et fermes historiques, reconstruits à partir d'éléments d'époque, mais aussi un grand nombre de démonstrations artisanales, comme le tissage de tissus, la fabrication de fromage et le forgeage de métaux sont visibles. Les visiteurs peuvent observer les artisans au travail et parfois même participer à des ateliers pour acquérir eux-mêmes des compétences. Ils peuvent également y boire et y déguster des mets traditionnels concoctés selon les recettes d'antan.

J. 4
De Cologne à Coblence

D'épaisses brumes s'évaporent des flots nacrés du Rhin, métamorphosant les paysages et leurs perspectives mais à l'intérieur du bateau, l'atmosphère est cosy et l'ambiance entre les voyageurs est chaleureuse. Le départ pour la visite de la cathédrale, chef-d'œuvre de l'art gothique se fait à pied avant une balade dans la vieille ville et un passage à la plus célèbre maison d'Eau de Cologne, un délicieux moment qui permet de profiter de ses fragrances exquises et de son histoire singulière. Une pause « temps libre » et les croisiéristes s'égaillent pour faire quelques achats ou se perdre dans les ruelles anciennes. Une fois tout le monde revenu à bord pour le déjeuner, le bateau poursuit sa navigation, remontant le Rhin vers Coblence et le célèbre « Deutsches Eck ».

Vue de Cologne. Au centre, incontournable, la cathédrale gothique.

LE DEUTSCHES ECK

Le « Coin allemand » où le « père » Rhin rencontre la « mère » Moselle. Peu après la mort de l'empereur Guillaume Ier, unificateur du pays, l'idée naît de construire un monument en son hommage. Trois ans plus tard, en 1891, l'empereur Guillaume II, le petit-fils du défunt, choisit le « coin allemand » de Coblence pour l'édifier. Ainsi baptisé en rappel de la colonisation par l'ordre des chevaliers teutoniques de cette confluence du Rhin et de la Moselle en 1216. Afin de faire place au monument, un port d'urgence est bâti, situé alors à l'embouchure de la Moselle. Le coin allemand était né sous sa forme actuelle. Le 31 août 1897, le monument en cuivre du *kaiser* Guillaume est officiellement inauguré en présence de son descendant. Il est détruit par des tirs d'artillerie en mars 1945 ; sa base dépourvue de cavalier est dédiée en 1953 au mémorial de l'unité allemande. À l'automne 1993, la statue équestre et son socle (37 m de haut), attirent chaque année plus de deux millions de visiteurs.

La statue équestre de Guillaume Ier, unificateur de l'empire allemand.

Mayence, sa cathédrale millénaire
et le musée Gutenberg.

J. 5
De Coblence à Mayence

Le bateau s'est remis en route tôt le matin pour gagner Mayence où l'arrivée est prévue dans l'après-midi. C'est, dit-on, la partie la plus majestueuse du Rhin romantique qui est traversée. Cela explique que nombre de poètes, de peintres et de littérateurs s'en soient inspirés. Les passagers se préparent à vivre cette expérience depuis le pont soleil, devenu observatoire privilégié. Des dizaines de châteaux pittoresques et de forteresses imposantes rythment le parcours. Suit la visite de Mayence, son quartier historique, sa cathédrale millénaire et le musée Gutenberg, témoin du génie du célèbre inventeur, natif de la ville. Le retour à bord se déroule en fin d'après-midi pour naviguer toute la nuit vers Strasbourg.

J. 6
De Strasbourg à Vieux-Brisach

L'arrivée à Strasbourg se fait en début d'après-midi. Après le déjeuner, une balade en vedette fluviale permet aux vacanciers de découvrir la capitale alsacienne depuis le Rhin et l'Ill, le fleuve qui la traverse. Du quartier typique de la Petite France, avec ses canaux, ses maisons à colombages et ses ruelles étroites, au district européen plus contemporain, en passant par la Neustadt impériale, la cité révèle toute sa richesse et sa diversité architecturale. Incontournable, la visite à pied de la cathédrale s'impose afin de découvrir la finesse de ce chef-d'œuvre de l'art gothique. Le retour à bord s'effectue avec la même vedette fluviale. Le bateau va poursuivre de nuit sa navigation vers Vieux-Brisach.

J. 7
De Vieux-Brisach à Bâle

Bâle. La troisième ville de Suisse possède de nombreux musées, dont le Kunstmuseum de Bâle, le plus grand musée d'art helvétique, la fondation Beyeler et le musée Tinguely, consacré au célèbre sculpteur.

Arrivés tôt le matin à Vieux-Brisach, les croisiéristes disposent d'un temps libre en matinée pour profiter du lieu. Jadis fortifiée par Vauban au XVIIe siècle et dominée par la cathédrale Saint-Étienne, cette petite ville allemande au bord du Rhin, pleine de charme incite à la promenade. Après le déjeuner, ils partent en car visiter Colmar et son fameux musée Unterlinden, connu internationalement grâce au trésor du XVIe siècle qu'il recèle. La capitale des vins d'Alsace, blottie au cœur des plus célèbres vignobles de la région, charme par son authenticité et sa douceur de vivre. Ici, entre maisons à colombages, canaux, placettes pavées, fontaines anciennes et ruelles étroites, le temps semble s'être arrêté. En fin de journée, chacun regagne le bateau pour la dernière navigation en direction de Bâle, point final de l'escapade fluviale.

Le retable d'Issenheim, chef d'œuvre absolu dû au génie de Grünewald (vers 1475-1480, 1528).

LE MUSÉE UNTERLINDEN

Une visite au musée Unterlinden couvre près de 7 000 ans d'histoire, depuis la préhistoire jusqu'à l'art du XXe siècle. Installé dans un ancien couvent de Dominicaines, ce lieu incontournable présente une remarquable collection de sculptures et de peintures de la fin du Moyen Âge et de la Renaissance. L'accrochage et l'installation permettent de sonder les œuvres et de découvrir leurs multiples aspects. Le cloître médiéval présente les parties Moyen Âge et Renaissance, avec des œuvres de Martin Schongauer, Hans Holbein et Lucas Cranach, ainsi que le retable d'Issenheim (1512–1516), polyptique sculpté par Nicolas de Haguenau vers 1510, peint par Mathias Grünewald de 1512 à 1516 et considéré comme une pièce majeure de l'histoire mondiale de l'art. Les anciens bains municipaux accueillent les manifestations temporaires et l'extension contemporaine : Monet, Picasso, Nicolas de Staël, Soulages, Dubuffet...

La charmante cité du Vieux-Brisach, fortifiée par Vauban au XVIIe siècle et dominée par la cathédrale Saint-Étienne.

ADRESSES UTILES

- Office de tourisme d'Amsterdam https://www.amsterdam.info/fr/office-tourisme/
- Office de tourisme de Mayence https://www.mainz.de/fr/vivez-mayence_/index.php
- Office de tourisme de Strasbourg https://www.visitstrasbourg.fr
- Office de tourisme de Bâle https://www.basel.com/fr/office-de-tourisme

L'Elbe et la Moldau

De Berlin à Prague

Berlin – Postdam – Magdebourg – Wittenberg – Meissen – Dresde – Litoměřice – Prague

Deux fleuves, deux villes emblématiques pour une croisière unique qui démarre de la capitale allemande. Berlin témoigne d'une importante richesse culturelle et d'un style de vie dynamique et décontracté. L'itinérance sur les flots se termine à Prague, la mystérieuse cité de l'alchimie… Une balade ponctuée d'escales magiques qui permettent de découvrir d'anciennes forteresses, des lieux magiques ou mystiques, les créations étonnantes d'architectes originaux…

L'*Elbe Princesse* sur l'Elbe.

MUSTS

- Potsdam et le parc de Sans-Souci
- Le musée de Dresde
- Forteresse de Königstein
- Prague, joyau de l'Europe centrale classé au Patrimoine mondial de l'Unesco, la ruelle d'Or, l'horloge astronomique

INFOS PRATIQUES

- Tout public
- L'hiver et le charme des villes allemandes à la veille de Noël. Le printemps avec les fêtes de Pâques, très célébrées outre-Rhin. L'automne à Prague et ses crépuscules romantiques

JOUR 1

Berlin

Après avoir pris possession de leurs cabines, les voyageurs, comme le veut la tradition, font connaissance avec tout l'équipage lors du cocktail de bienvenue. Le voyage va durer neuf jours au cours desquels tous vont vivre ensemble au quotidien, une expérience humaine qui crée des liens et, souvent, avec les souvenirs, des amitiés qui vont se poursuivre après la fin du périple. Dès le lendemain, la découverte de la ville et de ses trésors est au programme. La première journée de croisière va, paradoxalement, se dérouler sur la terre ferme au cœur de Berlin. Les contrastes entre les édifices historiques et l'architecture contemporaine, entre la tradition et la modernité caractérisent cette ville emblématique. Ils témoignent d'une longue histoire tumultueuse

La cathédrale de Berlin sur l'île de la Spree.

L'un des « pans » subsistant du fameux Mur de Berlin.

dont la ville, déchirée en deux près de trente années durant, porte les stigmates : çà et là on aperçoit encore quelques vestiges du Mur, notamment le fameux Checkpoint Charlie, un des postes-frontières qui permettait de passer d'Ouest en Est et réciproquement. Il se situe sur la Friedrichstraße, à la frontière entre les ex-districts soviétique et américain.

LE REICHSTAG ET LA PORTE DE BRANDEBOURG

Le palais du Reichstag fut édifié en 1884 par l'architecte Paul Wallot. Il abritait le parlement de l'Empire, avant de devenir, en 1918, le siège du parlement de la République de Weimar. En 1933, un incendie le détruisit quasi complètement. Ce désastre servit de prétexte à Adolf Hitler pour persécuter ses opposants politiques. Gravement endommagé au cours de la Seconde Guerre mondiale, le Reichstag fut l'une des dernières étapes de la conquête de Berlin. Le 30 avril 1945, deux soldats de l'Armée rouge hissent le drapeau soviétique au-dessus de son fronton. Restaurée par l'architecte Norman Foster, sa célèbre coupole en verre offre une vue imprenable sur la ville. Tout près, se dresse la porte de Brandebourg, autre symbole de la cité, située à l'entrée de l'ancien Berlin. Jusqu'en 1989, elle faisait partie intégrante du Mur.

La Porte de Brandebourg, un des symboles les plus emblématiques de la division de Berlin entre l'Est et l'Ouest lors de la guerre froide devenu, depuis la chute du Mur, celui de l'Allemagne réunifiée.

J. 2
De Berlin à Postdam

Deuxième escale terrestre à la découverte du palais du plus célèbre des rois de Prusse, Frédéric II le Grand…

LE QUARTIER HOLLANDAIS

En 1732, le roi de Prusse Frédéric-Guillaume Ier veut agrandir Potsdam, sa résidence. Ses voyages d'études aux Pays-Bas lui ont fait apprécier les compétences des Hollandais en matière de génie hydraulique et il réussit à convaincre l'architecte Jan Bouman et d'autres artisans hollandais de faire bénéficier la ville de leurs talents. Pour qu'ils se sentent moins étrangers dans la cité, il leur fait construire à partir de 1733, quatre carrés de maisons de style hollandais. Après sa mort, son fils Frédéric II, dit Frédéric le Grand, entreprend la construction de deux nouveaux carrés à l'est du quartier. Elle est achevée en 1742. Les maisons plus richement décorées du côté ouest ont été ajoutées ultérieurement.

POTSDAM ET LE PARC DE SANS-SOUCI

La personnalité de Frédéric le Grand est intrinsèquement liée au château de Sans-Souci, sa résidence d'été, construite en 1745. C'était son lieu favori et il s'y réfugiait souvent. Vous pourrez remonter les allées fleuries et les escaliers menant à la grande terrasse où se dresse le palais lui-même. Les aménagements intérieurs conservés dans leur état d'origine remontent au XVIIIe siècle et entraînent le visiteur dans l'univers du « roi-philosophe ». Les cuisines du château, notamment, entièrement rénovées, méritent le détour. On peut y admirer des ustensiles d'époque en cuivre, pots et poêles, plaques de cuisson, cocottes… Outre le château, vous admirerez les nombreux autres joyaux architecturaux installés au cœur des 500 ha de parc dont la Galerie de peintures, où figurent des chefs-d'œuvre de Rubens, Van Dyck et Caravage, et l'Orangerie. Les chemins ramifiés invitent à d'agréables balades jusqu'au Nouveau Palais à l'ouest ou au château de Charlottenhof au sud du parc.

Le palais de Sans-Souci à Postdam, refuge et sanctuaire de Frédéric le Grand.

Magdebourg, charmante cité des bords de l'Elbe.

J. 3 ET J.4

De Postdam à Magdebourg et Wittenberg

La navigation se poursuit toute la matinée sur l'Elbe. Long de 1091 km, c'est le quatorzième plus grand fleuve européen. Descendant du mont des Géants, il traverse la Bohème et la Suisse saxonne pour se jeter dans la mer du Nord à Hambourg. Réserve naturelle de biosphère classée à l'Unesco, il serpente ici à travers un paysage naturel unique, le long de plaines alluviales intactes, de plages de sable blanc et de sommets boisés. Magdebourg et Wittenberg, la ville de Luther, sont les deux étapes incontournables de nos journées.

LA CITADELLE VERTE DE MAGDEBOURG

« Une oasis pour l'humanité et pour la nature dans une mer d'immeubles rationnels. » C'est ainsi que l'architecte Hundertwasser décrivait sa Citadelle verte, inaugurée en 2005. Bien qu'atypique, le projet s'intègre parfaitement à l'architecture qui l'entoure, que ce soit celle de la cathédrale gothique, du cloître roman voisin ou du parlement régional, qui allie baroque et classique. À la fois habitation et centre commercial, la Citadelle verte offre environ 55 logements, divers magasins et cafés au rez-de-chaussée, deux jardins d'enfants et même un hôtel. Sur le toit du bâtiment se dresse le « Castelletto », sorte de palais miniature qu'il est possible de louer pour des réceptions.

La statue de Luther à Wittenberg.

LA MAISON DE LUTHER

Voici le centre-ville de Wittenberg et ses belles maisons patriciennes de style Renaissance. Devant l'hôtel de ville, s'élèvent les statues de Luther et son disciple Melanchthon. Non loin de là, la maison du célèbre peintre Cranach dont les portraits figurent à présent dans les plus grands musées du monde. Après sa mort, son fils Lucas Cranach le Jeune perpétua l'activité de son père dans ce même atelier. À l'entrée de la cité, on trouve la maison qui fut durant trente-cinq ans le lieu de vie et de travail de Martin Luther. Aujourd'hui, elle renferme le plus grand musée au monde consacré à l'histoire de la Réforme.

Meissen, célèbre pour ses porcelaines.

Dresde. Le *Wallpavillon* du Palais Zwinger, édifice orné de sculptures baroques.

J. 5 De Wittenberg à Meissen et Dresde

Le soleil se lève en arrivant à Meissen. Un petit déjeuner revigorant permet d'affronter une journée riche en belles surprises. D'abord, un petit détour par Meissen, son somptueux château d'Albrechtsburg, édifice de style gothique flamboyant qui surplombe l'Elbe. Il est considéré comme le premier château d'Allemagne et abrite de superbes collections. Ne manquez pas le carillon en porcelaine situé dans le clocher de l'église gothique Notre-Dame. Le bateau se rejoint ensuite à Dresde, la Florence de l'Elbe. Une visite de la vieille ville s'impose afin de découvrir l'opéra Semper, le magnifique palais Zwinger ou encore la tour Georges.

LA MANUFACTURE DE PORCELAINE DE MEISSEN

Dès le XIIIe siècle, la porcelaine était un article très convoité, importé de Chine à des prix extravagants. Des tentatives furent faites à partir du début du XVIIIe pour reproduire l'« or blanc » en Europe. En 1708, Bottger, commandité par la cour royale de Saxe, parvint à réaliser ce tour de force. Deux ans plus tard, Auguste le Fort, prince-électeur de la contrée, fonde la manufacture de Meissen, qui utilise notamment le motif de l'oignon en bleu sous glaçure. En 1774, le nouveau directeur, introduit le style préclassique Louis XVI. Depuis sa fondation en 1710, Meissen, l'un des établissements spécialisés les plus renommés au monde, signe ses œuvres de deux épées croisées couleur bleu cobalt.

LE MUSÉE DES MAÎTRES ANCIENS À DRESDE

La plupart des œuvres majeures que l'on peut admirer ici aujourd'hui ont été rassemblées en à peine un demi-siècle par Auguste Le Fort et son fils. Elles furent présentées publiquement en 1747 dans l'ancienne écurie électorale. Cent ans plus tard, la collection fut accueillie dans un bâtiment adapté à proximité immédiate du Zwinger, et qui abrite encore aujourd'hui les Maîtres anciens. Après la fin de la Seconde Guerre mondiale, la plupart des peintures furent transportées à Moscou et à Kiev par l'Armée rouge. En 1955, les trésors d'art de la RDA lui furent restitués. De 2013 à mi-2019, le bâtiment a connu une vaste phase de rénovation avant de rouvrir récemment.

J. 6 De Dresde à Königstein

Le bateau file vers d'autres découvertes. La navigation de jour permet d'apprécier pleinement la beauté de l'Elbsandsteingebirge, le massif gréseux de l'Elbe en Suisse Saxonne à l'horizon impressionnant. Ici le paysage remonte à quatre millions d'années. À la période crétacée, la région était encore immergée. L'érosion a usé les rochers et les a façonnés pour leur donner ces formes spectaculaires.

LA FORTERESSE DE KÖNIGSTEIN

L'Elbsandsteingebirge (massif gréseux de l'Elbe en Suisse Saxonne) remonte à quatre millions d'années. À la période crétacée, la région était encore immergée. L'érosion qui a suivi a usé les rochers et leur a donné ces formes spectaculaires. La forteresse de Königstein témoigne de façon unique de l'architecture fortifiée européenne. Cet imposant ensemble d'édifices de différents styles est le fruit d'une histoire longue de plus de 750 ans. Le chemin de ronde offre de belles vues sur l'Elbe. L'impressionnante forteresse occupe les 9,5 ha d'un promontoire dominant de 240 mètres la courbe de l'Elbe à une trentaine de kilomètres au sud-est de Dresde.
Le panorama y est grandiose. Elle a été surnommée la « Bastille de Saxe » en raison de son utilisation de 1591 à 1922 comme prison d'État et aussi, durant les deux guerres mondiales, comme camp d'internement pour les officiers prisonniers de guerre. Toujours intacte, c'est aujourd'hui le site le plus populaire de Saxe.

Forteresse de Konigstein. Le pavillon dit « de Frédéric » domine la courbe de l'Elbe.

J. 7 De Dresde à Litoměřice

Le bateau atteint la petite ville pittoresque de Litoměřice, située sur les rives du fleuve. Le centre historique de la cité est presque entièrement entouré de fortifications datant de la période gothique. À ne pas manquer : la place Mírové náměstí, bordée de ravissantes maisons médiévales dont certaines comptent parmi les plus anciennes toujours habitées de République tchèque. Le château de Litoměřice édifié dans la seconde moitié du XIIIe siècle abrite une exposition sur les vignobles de Bohême. Les remparts offrent une belle vue sur la ville, la rivière et la maison dénommée « le Calice » dont la forme de la tour renvoie à la tradition viticole de la région.

Prague. Le romantique pont Charles et ses statues.

J. 8 De Litoměřice à Prague

« Prague ne nous lâchera pas, écrit Kafka à un ami de jeunesse, la petite mère a des griffes. » La vieille cité est le vrai théâtre de ses récits bien qu'il ne l'ait jamais nommée. Centre administratif de la Bohème, autrefois résidence de l'excentrique empereur Rodolphe II, qui en fit sa capitale au détriment de Vienne, la cité baroque et mystérieuse, s'étire languissamment le long de son fleuve, la Moldau (en tchèque : Vltava) que célébra naguère le grand musicien Smetana. La vie s'organise autour d'elle et de la succession de ponts qui

PRAGUE, LE QUARTIER DU CHÂTEAU

Ancien palais des rois de Bohême, plus grand château fort médiéval au monde, le château de Prague est composé d'un ensemble de magnifiques édifices reliés par de petites ruelles pittoresques. Les bâtiments les plus intéressants restent sans doute la cathédrale Saint-Guy, avec le tombeau de saint Jean Népomucène, la ruelle d'Or dont les jolies petites maisons colorées étaient autrefois habitées par orfèvres et alchimistes, l'ancien palais royal, la basilique et le couvent Saint-Georges, ce dernier accueillant aujourd'hui la collection d'art du XIXe siècle de la Galerie nationale. Quatre tours encadrent l'édifice : la Daliborka, célèbre prison de la ville, la Tour noire, la Tour blanche et la Poudrière autrefois transformée en laboratoire pour les alchimistes de Rodolphe II.

Prague. Le château. Au sein de la forteresse se trouve la fameuse ruelle d'Or ou logea un temps Franz Kafka.

Prague. La statue de Jean Huss, prêtre et réformateur, grande figure de l'histoire religieuse tchèque qui mourut sur le bûcher en 1415.

LA VIEILLE VILLE

Après la visite du château, on découvre la vieille ville avec sa grande place entourée de maisons baroques et la statue de Jan Hus réformateur brûlé en 1415. Non loin de là, la célèbre horloge astronomique de l'hôtel de ville fait apparaître toutes les heures les douze apôtres. Faites aussi un détour par la Maison municipale, joyau de l'Art nouveau.

l'enjambent, avec, en point d'orgue, le somptueux pont Charles qui relie la Vieille-Ville au quartier de Malá-Strana, au pied du château. Construit au XIVe siècle, il porte le nom de Charles IV, l'une des grandes figures du Saint-Empire. Poussez aussi jusqu'aux abords de l'ancien Quartier-Juif avec ses magnifiques synagogues et son cimetière où rôde encore l'ombre du Golem.

ADRESSES UTILES

- Office national allemand du tourisme.
https ://www.germany.travel/fr/home.html
- Berlin
https://www.visitberlin.de/fr/office-de-tourisme-de-berlin
- Centre touristique officiel de la ville de Dresde
https://www.dresden.de/fr/tourisme/tourisme.php
+49 351 501 501
- Informations touristiques de Wittenverg
https://lutherstadt-wittenberg.de/en/
- Guide touristique des secrets de la ville de Meissen
https://destinationallemagne.fr/visiter-meissen/
- Office national tchèque de tourisme
https://www.visitczechia.com/fr
+33 (0) 1 53 73 00 32
- Prague
https://www.prague.eu/fr

Du Danube à la Tisza

La Hongrie authentique

Budapest – Mohács – Pécs – Novi Sad – Kanjiža – Szeged – Csongrád – Szolnok – Tiszafüred – Tokaj

Cette croisière de neuf jours, au départ de Budapest, invite le voyageur à revenir sur l'histoire troublée des pays de l'Est et de leurs grands empires désormais éclatés. La Hongrie, la Croatie et la Serbie se révéleront telles qu'elles sont aujourd'hui, d'escale en escale. C'est également l'occasion de découvrir de fortes traditions et des lieux emblématiques. Au fil de l'eau, la douceur de la navigation invite à la contemplation des paysages d'une beauté naturelle et sauvage.

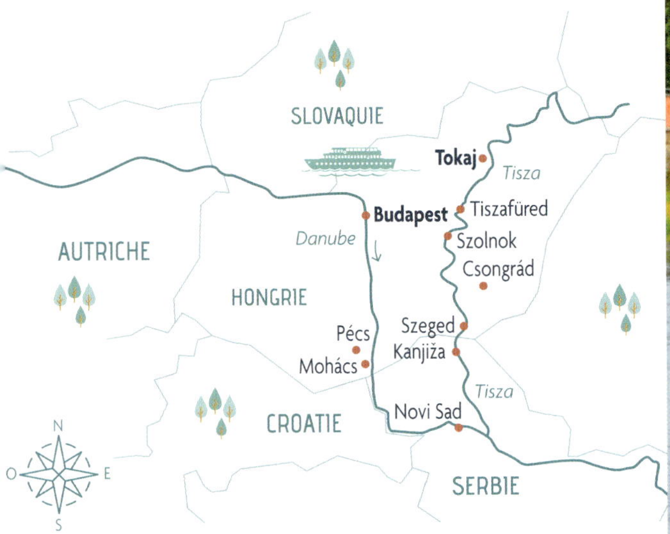

Le château de Hartenfels, en bordure de l'Elbe.

MONA LISA

MUSTS

- Le château royal de Gödöllő, résidence d'été de l'impératrice Sissi
- Szeged, éblouissante cité hongroise
- Tokaj et ses vins, baignée par les rivières Tisza et Bodrog
- L'Ópusztaszer, parc commémoratif de l'histoire nationale hongroise

INFOS PRATIQUES

- Tout public
- Ne choisissez pas l'hiver si vous craignez le froid, à moins que vous ne souhaitiez savourer les délices d'un pré-Noël Hongrois

JOUR 1

Budapest

Embarquement au port international de Budapest, Pesti Alsó Rakpart. Une fois installés, les vacanciers sont conviés au pot de bienvenue afin que tout le monde fasse connaissance. Après le dîner, l'heure est à la promenade en car, afin de découvrir *by night* Budapest et ses plus beaux monuments et ponts illuminés.

Budapest, capitale de la Hongrie.

Budapest. Le parlement et le pont des Chaînes ou pont Széchenyi, le plus ancien de Budapest et le plus célèbre de tout le Danube.

BUDAPEST

Capitale de la Hongrie, Budapest est issue, au XIIIe siècle, de la fusion de deux cités : *Buda* et *Pest*, deux villes voisines séparées par le fleuve. Buda devient la capitale du pays en 1361. En 1526, Pest tombe aux mains des Turcs et peu après, en 1541, Buda connaît le même destin. Les envahisseurs gardent le pouvoir jusqu'en 1686, année où ils sont vaincus par les Habsbourg. Budapest passe alors sous domination autrichienne. Le règne des empereurs est une période très florissante dont témoignent encore de nombreuses églises et édifices publics. En 1784, l'empereur Joseph II y installe une université. En 1849, le premier pont permanent au-dessus du Danube, le pont des Chaînes, est inauguré. En 1873, Obuda, la partie la plus ancienne des lieux, Buda et Pest sont définitivement unies sous le nom de Budapest qui devient la ville la plus puissante de l'Empire austro-hongrois, après Vienne. Durant la Seconde Guerre mondiale, la cité subit d'importants bombardements aériens qui la détruisent en partie. À la fin du conflit, elle passe sous influence soviétique. Avec la chute de l'URSS en 1991, la Hongrie et sa capitale récupèrent leur liberté.

Le château de Buda, anciennement nommé Palais royal, résidence historique des rois de Hongrie.

J. 2
Budapest – Mohács

En ce premier jour, tour panoramique de la ville, sise entre les collines de Buda et les plaines de Pest. Des édifices majestueux de styles très variés – baroque, néo-classique et Art nouveau, témoignent de la dimension créative des architectes et commanditaires. La balade le long du Danube est incontournable pour voir les impressionnants bâtiments comme le parlement, qui surplombe le fleuve. Le château royal de Gödöllő, datant du XVIIIe siècle, qui fut la résidence d'été de l'impératrice Sissi mérite une visite. Surnommé le « Versailles hongrois », c'est le plus grand château baroque du pays.

GÖDÖLLŐ, RÉSIDENCE DE SISSI

Le château de Gödöllő est particulièrement connu pour avoir été l'une des résidences préférées de l'impératrice d'Autriche. En effet, le château, construit au XVIIIe siècle, fut offert par le peuple hongrois en cadeau de mariage à l'empereur François-Joseph et son épouse Élisabeth (plus connue sous le nom de « Sissi »). La ville de Gödöllő est située à 30 km au nord-est de Budapest. Son château baroque, nommé château Grassalkovich d'après son premier propriétaire, plut beaucoup à l'impératrice, très férue de tout ce qui touchait à cette partie de son royaume. La famille royale y séjourna pour la première fois à l'automne 1867. Depuis lors, ils y passèrent plusieurs mois par an, principalement à l'automne et au printemps. Les suites royales sont situées dans le bâtiment principal, au nord et au sud de la salle de bal. La suite d'Élisabeth était de couleur violette, en hommage à la fleur préférée de la reine.
Le château est entouré d'un jardin à l'anglaise, baigné de deux lacs où nagent des cygnes.

Le château de Gödöllö, demeure préférée de l'impératrice Élisabeth, dite « Sissi ».

J. 3
Mohács — Pécs — Novi Sad

Après une nuit de navigation, le bateau s'amarre à Mohács. À bord les conversations vont bon train dans l'attente de la prochaine visite, celle de Pécs, qui fut en 2010 la capitale européenne de la culture. Une cité, qui recèle un impressionnant patrimoine, nécropole paléochrétienne du IVe siècle, monuments de l'époque ottomane, mosquées du Pacha Gazi Qasim et du Pacha Hassan. En parallèle, de manière plus ludique, le parc naturel de Mecsek et ses bains thermaux relaxants offrent à ceux qui le souhaitent quelques moments de détente. Pécs est également, via ses festivals, devenu un rendez-vous culturel pour les *happy few*. La navigation reprend vers Novi Sad, dont l'arrivée est prévue dans la nuit. Sur sa route, le bateau traverse le parc national Duna-Dráva, puis la réserve naturelle Gornje Podunavlje et Vukovar, ville « martyre » de la guerre serbo-croate.

Pécs. La ville fut, en 2010, capitale européenne de la culture. Elle recèle un impressionnant patrimoine et est devenue, via ses festivals, un rendez-vous culturel incontournable.

J. 4 Novi Sad — Kanjiža

Le départ de l'excursion en car vers Novi Sad et Sremski Karlovci débute par un grand tour panoramique. Une fois encore, nous pouvons admirer les vestiges de la magnifique architecture austro-hongroise, ici l'une des plus belles du pays. À noter, l'impressionnante forteresse de Petrovaradin, surnommée le « Gibraltar du Danube », avec sa vue imprenable sur la ville et le fleuve. La route mène ensuite vers Sremski Karlovci, une petite cité bucolique, pleine de charme, véritable musée de plein air, le temps de flâner dans le centre historique. L'après-midi, le bateau part en navigation sur la Tisza, « la grande rivière hongroise », jusqu'à Kanjiža. Une expérience inédite qui offre une immersion dans la nature à travers des paysages variés allant des forêts et zones humides aux champs agricoles et aux villages traditionnels.

La forteresse de Petrovaradin, située en Serbie, dans la province autonome de Voïvodine, domine le Danube.

J. 5 Kanjiža — Szeged

Parvenus dans le petit port serbe de Kanjiža sur la rivière Tisza, après le petit déjeuner, la plupart des croisiéristes partent à Szeged, surnommée la « ville ensoleillée », pour une visite guidée. Le bateau reste à quai toute la journée et comme un temps libre est proposé dans l'après-midi, ceux qui le souhaitent peuvent rester sur place et poursuivre la visite.

SZEGED

Entièrement inondée et quasiment anéantie en 1879 par les crues de la rivière, la ville de Szeged a dû être entièrement rebâtie. Une reconstruction qui s'est faite dans les divers styles en vogue à l'époque. On y aperçoit donc nombre d'immeubles Art déco ou néo-classiques, ce qui lui confère une atmosphère toute particulière. Une promenade à pied au cœur du centre historique permettra à chacun d'apprécier la beauté des façades et la qualité de vie de cette cité à dimension humaine. On peut y explorer les bâtiments emblématiques de la Sécession hongroise tels que la fresque d'Aba-Novák sur la porte des Héros ou la fontaine musicale sur la place Dugonics. Laissez-vous émerveiller devant les statues de la rue Kárász et visitez le lycée et l'école secondaire artistique István Tömörkény, ainsi que la maison Szígyártó et la maison Móricz sur la place Szent István.

La splendide cathédrale de Szeged.

J. 6 Szeged – Csongrád – Szolnok

Ópusztaszer. Le parc commémoratif de l'histoire nationale.

La croisière se poursuit sereinement sur les flots de la Tisza jusqu'à Csongrád. Les croisiéristes disposent alors de temps pour méditer ou rêvasser sur le pont soleil, au salon ou dans leur cabine. La destination atteinte, une excursion est proposée à Ópusztaszer, le parc commémoratif de l'histoire nationale qui rend hommage aux sept tribus magyares fondatrices de la Hongrie. Le lieu conjugue richesses archéologiques, culturelles et ethnographiques, combinant musée en plein air, expositions, événements et spectacles. La pièce maîtresse en est une peinture panoramique gigantesque d'Árpád Feszty, représentant l'arrivée des tribus magyares dans le bassin des Carpates. De retour au bateau, la navigation se poursuit vers Szolnok, au nord de la Grande Plaine, l'arrivée étant prévue en soirée.

J. 7
Szolnok — Tiszafüred — le lac Tisza

En cette agréable matinée de navigation, notre bateau croise, avec grâce, lacs et rivières dans ce petit paradis au centre de la plaine Alföld, avant de se rendre à Tiszafüred. Le départ en car pour la visite de Hortobágy, une vaste prairie, la *puszta*, est prévu assez tôt. Tout au long de la route déserte, nous traversons une campagne sauvage, parsemée de pâturages où paissent des races de bétail inconnues pour nous et en voie de disparition, telles que le grand bœuf gris ou le mouton racka. Lors d'une halte, une démonstration de dressage de chevaux est suivie d'une dégustation de produits du terroir.

Dans cette vaste prairie, la puszta, paissent des moutons de la race racka.

Démonstration de dressage de chevaux dans le parc national de Hortobágy.

La ville de Tokaj où l'on produit le vin homonyme.

LE VIN DE TOKAJ

Tokaj produit de nombreux vins parmi les plus appréciés de Hongrie. Sur les contreforts de la chaîne montagneuse de Zemplén, un véritable labyrinthe de caves s'étend et se cache dans un paysage parsemé de vignes et de vallées. La région poursuit une tradition de vinification depuis plus de mille ans. Son vin le plus connu, Aszú, aux arômes intenses et aux saveurs liquoreuses, est développé à partir de raisins de cépages particuliers comme le furmint ou le *hárslevelű*. Une dégustation accompagnée de petites brioches salées est prévue dans la célèbre cave historique Rakoczi.

Les caves à vins de Tokaj.

J. 8 Tiszafüred — Tokaj

C'est l'âme nostalgique que les passagers entament leur dernier jour de navigation vers Tokaj. Après l'écluse de Tiszalöl, il faut longer la zone de protection paysagère de Kesznyéten avant d'atteindre Tokay en début d'après-midi. Nichée sur les contreforts de la chaîne montagneuse de Zemplén, la superbe région traversée est mondialement connue pour son vin. Un guide raconte l'histoire de cette tradition millénaire, tout en faisant visiter la cave historique de Tokaj : Rákóczi.

ADRESSES UTILES

Il n'y a plus d'office de tourisme hongrois en France.

- Consulat de Hongrie
7, square Vergennes
75015 Paris. Métro : Vaugirard
+33 (0) 1 56 81 02 30

Grande croisière musicale

Au cœur de la Bohême

Prague – Štěchovice – Modřany – Prague – Mělník – Roudnice – Litoměřice – Bad Schandau – Dresde – Děčín – Strekov – Mělník – Kralupy – Prague

Cette croisière thématique, à bord d'un bateau à roues à aubes, est entièrement dédiée à la musique classique avec la complicité d'Alain Duault, grand spécialiste de la musique et de Marie-Christine Barrault, qui lit des textes en écho aux œuvres interprétées. Au rythme des notes et des harmonies, le voyageur vit une parenthèse mélodieuse en compagnie d'artistes de renommée internationale. Concerts et conférences à bord et dans des lieux emblématiques ponctuent la balade musicale.

Le château de Mělníck surplombe la confluence de la Vltava et de l'Elbe.

JOUR 1

Prague

Dès que le bateau est amarré au cœur de Prague, les voyageurs sont conviés à embarquer en fin d'après-midi. Il s'agit d'un navire qui peut accueillir jusqu'à 81 passagers dans une ambiance contemporaine feutrée. Pour ceux qui ne connaissent pas encore Prague, ville riche de splendeurs baroques, c'est le moment ou jamais de l'explorer par soi-même. Après avoir pris le temps de s'installer, les voyageurs sont invités pour la présentation de l'équipe et des artistes, premier temps fort du voyage. Chaque musicien entame une brève mélodie avant de se lancer dans un miniconcert d'introduction. Place à la musique au cœur de la Bohême centrale et à ses paysages !

MUSTS

- Concerts à bord par des artistes de renommée internationale
- Conférences à bord par Alain Duault et lectures de Marie-Christine Barrault
- Visites exclusives de l'une des plus belles salles de concert d'Europe, l'opéra Semper de Dresde
- Les châteaux de Bohême : Konopiště et Nelahozeves
- Prague et ses trésors architecturaux

INFOS PRATIQUES

- Surtout pour les mélomanes
- À des dates précises

J. 2
Prague — Štěchovice — Modřany

Le barrage de Slapy.

Au départ de Prague, la navigation se fait d'abord sur la Moldau, puis sur l'Elbe. Tôt le matin, le bateau met le cap jusqu'au barrage de Slapy. En ce premier jour de navigation, chacun veut assister au départ, qui en regardant au travers des larges baies vitrées de la salle de petit-déjeuner, qui en restant sur le pont soleil encore embrumé. Sur les rives, on aperçoit de part et d'autre des collines boisées, et, entre les méandres du fleuve, se distinguent de délicates silhouettes de châteaux. Elles témoignent de la richesse de l'histoire et du patrimoine de la région. À bord, quelques notes discrètes nous rappellent que des musiciens répètent. En milieu de matinée, Alain Duault tient au salon-bar une conférence qui se clôture sur une lecture de Marie-Christine Barrault. À l'issue de cet aparté culturel, un temps de parole libre est proposé aux passagers afin d'échanger avec les orateurs. Le début d'après-midi commence par la visite du château de Konopiště. En fin de journée, les croisiéristes rejoignent le bateau à Modřany pour le dîner et pour assister au premier concert à bord.

Prague. Au centre, le superbe pont Charles, bâti sous le règne de l'empereur Charles IV, relie la Vieille Ville au quartier de Malá Strana, « le petit côté », au pied du château.

Les tortueux méandres de la Moldau.

LE CHÂTEAU DE KONOPIŠTĚ

À l'origine forteresse gothique, Konopišt a été conçu en s'inspirant des forteresses françaises aux tours symétriques, aux nombreuses entrées et aux ponts-levis. Remanié au fil du temps, il est choisi comme résidence privée par le successeur au trône des Habsbourg, l'archiduc François Ferdinand, celui dont l'assassinat à Sarajevo sera le prétexte du déclenchement de la Première Guerre mondiale.
Vous découvrirez en visitant le château les exceptionnelles collections d'armes de ce chasseur passionné. Ne manquez pas de faire le détour par le vaste parc, d'admirer faisans, paons et cailles, et parcourez les jardins parfumés de roses et leurs serres. C'est l'un des premiers châteaux équipés d'un ascenseur électrique, de l'électricité et d'une conduite d'eau.

Le château de Konopiště, où résidait l'héritier au trône des Habsbourg, François-Ferdinand, dont l'assassinat à Sarajevo déclenchera la Première Guerre mondiale.

J. 3
Modřany — Prague

Départ en milieu de matinée pour Prague, haut lieu de culture et d'histoire qui fascine par sa grandeur. Après un court trajet en autocar, le quartier du château se visite à pied : les magnifiques églises, la cathédrale Saint-Guy, les splendides palais et l'iconique ruelle d'or, berceau de tant de légendes, ponctuent la balade. À la pause de midi, un restaurant typique à la maison municipale, joyau de l'Art nouveau, mérite le détour, avant de poursuivre la découverte des monuments les plus exceptionnels de cette ville fabuleuse où se mêlent gothique, baroque, Art nouveau et cubisme. Pour clore cette parenthèse culturelle, rien de mieux qu'une incursion au théâtre des États, grande scène praguoise indissociablement liée à Mozart. Il y dirigea son opéra *Le Mariage de Figaro* et y présenta la première mondiale de *Don Giovanni.*

Prague. Le théâtre des États, grande scène praguoise où s'illustra Mozart.

L'Horloge astronomique, merveille de l'ingéniosité des artisans praguois.

L'HORLOGE ASTRONOMIQUE

L'Horloge astronomique de Prague est l'horloge médiévale la plus célèbre au monde. Elle a été construite en 1410 par le maître horloger Hanus et perfectionnée par Jan Táborský au XVIe siècle. Également connue sous le nom d'Orloj, elle indique les positions relatives du Soleil, de la Lune, de la Terre et des constellations du zodiaque, mais également l'heure et la date. Le mécanisme est conçu de telle façon qu'il indique la position précise du Soleil et de la Lune vus depuis Prague. Le cercle inférieur de la tour de l'horloge représente les mois de l'année. Au centre, se trouvent les armoiries de la Vieille Ville ainsi qu'une série de chiffres romains affichant l'heure. Mais ce qui fait le principal atout de l'horloge est sans nul doute le défilé des douze apôtres qui a lieu toutes les heures. Les personnages apparaissent aux fenêtres situées au-dessus de l'Horloge astronomique. Ce défilé de sculptures mobiles annonce l'heure nouvelle. La légende raconte que pour qu'Hanus ne reproduise pas son œuvre, les conseillers municipaux l'auraient rendu aveugle.

La ravissante petite cité de Litoměřice.

J. 4
Modřany — Mělník — Roudnice — Litoměřice

Ce matin, le *MS Elbe Princesse 2* part en navigation de Prague jusqu'à Mělník, au confluent de l'Elbe, de ses paysages sauvages nimbés de brume et traversés de rayons de soleil. Après le petit-déjeuner au salon-bar, nouvelle conférence accompagnée d'une lecture choisie et d'un temps de parole libre. La petite jauge du bateau permet, au fil des jours, aux croisiéristes de se rencontrer et de se regrouper selon leurs affinités, souvent musicales. Après le déjeuner, visite du château de Nelahozeves, l'un des plus beaux châteaux Renaissance du pays. On y revit les fastes d'un passé glorieux sur les traces des vingt-trois reines et princesses qui y vécurent. Le retour au bateau se fait en fin de journée avant d'assister au concert du soir.

LE CHÂTEAU DE NELAHOZEVES

Avec ses intérieurs décorés de fresques, il fait partie des plus belles constructions de la Renaissance de Tchéquie. Ses propriétaires, les Lobkowicz, jouèrent un grand rôle dans l'histoire de l'Europe centrale pendant plus de six cents ans. Grands mécènes, ils possédaient une des plus grandes collections tchèques de peinture espagnole des XVIe et XVIIe siècles, mais aussi des Brueghel, des Rubens... Située au cœur d'un paysage pittoresque, cette forteresse du XIIIe siècle, rénovée au XVIIIe siècle, était la résidence de chasse des Habsbourg. Les appartements d'État sont encore somptueusement meublés et le château abrite également une collection impressionnante d'armes et d'armures médiévales ayant appartenu à l'archiduc François-Ferdinand.

Le château de Nelahozeves, dont les propriétaires jouèrent un grand rôle dans l'histoire de l'Europe centrale pendant plus de six cents ans.

J. 5
Litoměřice — Bad Schandau — Dresde

Pendant le service du petit-déjeuner, de beaux paysages défilent de part et d'autre des rives. Nous traversons la Suisse saxonne et la Bohême du nord, réputées pour leur beauté. Au cœur de ces régions sauvages, la nature est restée intacte et magnifiquement préservée. Un instant qui se savoure pleinement avant d'aller assister à la conférence prévue au salon-bar avant le déjeuner. L'après-midi, les croisiéristes partent en car vers Dresde pour une visite guidée de la ville, résidence de ducs et de rois durant sept cents ans. Le retour se fait en fin de journée à bord du bateau pour le dîner qui sera suivi d'un nouveau concert.

Le fleuve près de Dresde.

DRESDE

Un détour s'impose par la célèbre Frauenkirche à la coupole impressionnante. Elle fut construite par l'empereur Charles IV à l'emplacement d'une synagogue, détruite lors d'un pogrom en 1349. La reconstruction de cette superbe église, détruite pendant la Seconde Guerre mondiale, fut financée grâce à des dons du monde entier. Aujourd'hui elle est symbole de réconciliation entre les deux Allemagne. À quelques centaines de mètres, le palais Zwinger s'organise autour d'une grande cour et abrite trois musées : celui de la collection de porcelaine de Dresde, un salon de mathématiques et de physique, ainsi que la Gemäldegalerie Alte Meister (galerie des Maîtres anciens).

L'église Notre-Dame de Dresde, l'un des plus beaux édifices luthériens d'Allemagne.

Děčin. Le très beau château et ses jardins bénéficient d'une vue incroyable sur la vallée et les bords de l'Elbe.

J. 6
Dresde — Děčín — Strekov

Après le petit déjeuner, les croisiéristes sont acheminés en car dans le centre historique de Dresde, curieux de poursuivre l'exploration de la capitale de la Saxe. Le point d'orgue de cette matinée est l'opéra Semper à la réputation internationale. Les passagers suivent avec grand intérêt la singulière histoire de ce monument raffiné, conçu dans le style de la Renaissance italienne. Mais, au-delà du récit académique conventionnel, nombre d'anecdotes les font pénétrer plus au cœur de l'édifice, dans les coulisses secrètes de ce lieu d'exception. À l'issue de la visite, un déjeuner dans un restaurant de spécialités locales permet aux convives de poursuivre cette belle escapade, avant de profiter d'un temps libre pour flâner à leur guise.

L'OPÉRA SEMPER

Détour par l'un des fleurons de l'art lyrique. Entrez dans le cadre magique du célèbre opéra de Dresde qui compte parmi les plus renommés au monde. Ce magnifique édifice baroque est le symbole de la cité, mondialement connu comme l'opéra Semper, du nom de l'architecte qui assura les travaux de reconstruction du bâtiment au XIXe siècle. « À Dresde, l'opéra est une nécessité, c'est une partie essentielle de la ville », avait déclaré le chef d'orchestre Franz Konwitschny. Cette salle à nulle autre pareille accueille régulièrement les plus grands noms de la scène, chanteuses et chanteurs, tout comme les chefs d'orchestres.

L'opéra Semper à Dresde, l'un des plus beaux et célèbres du monde, jouit d'une grande renommée internationale. Son répertoire varié ravit les amateurs de ballets comme les passionnés de concerts.

La forteresse de Köenigstein au cœur de l'Elbsandsteingebirge, massif gréseux de l'Elbe situé en Suisse saxonne.

J. 7 Strekov – Mělník

En ce septième jour de croisière, les passagers partent après le petit-déjeuner en excursion bucolique à travers l'Elbsandsteingebirge. Ce massif gréseux de l'Elbe est situé en Suisse saxonne au cœur d'un parc national d'où émerge la forteresse de Königstein, qui défendait la région et qu'ils visiteront. Ce monument témoigne de façon remarquable de l'architecture fortifiée de l'époque et son chemin de ronde offre des vues plongeantes sur la vallée. De retour à bord, une nouvelle conférence musicale est proposée aux croisiéristes dans l'après-midi, suivie d'un temps libre.

Mělnik. Le château surplombe la confluence de la Vltava (Moldau) et de l'Elbe.

J. 8

Mělník – Kralupy – Prague

En cette fin de parcours au rythme de la musique et au fil de l'eau, la croisière se poursuit vers Kralupy jusqu'à atteindre Prague. Sachant que c'est le dernier jour, les croisiéristes sont très présents sur le pont pour admirer la beauté des territoires traversés. Pour clore en beauté ce séjour enchanteur, une excursion spéciale est réservée aux voyageurs esthètes : la visite de la somptueuse bibliothèque de Strahov, dans le monastère du même nom, située près du quartier de Mala Strana, le « Petit Côté ». D'un raffinement extrême, c'est un lieu extraordinaire de style à la fois baroque et néo-classique. Ravis, les passagers retrouvent le bateau en fin de journée pour un cocktail, le dîner de gala et l'ultime concert à bord. À l'issue de la représentation, des salves d'applaudissements saluent la virtuosité des artistes, Alain Duault et Marie-Christine Barrault en tête.

Prague. Le monastère de Strahov, fondé au XIIe siècle.

Monastère de Strahov. La salle de théologie.

STRAHOV

Elle a inspiré celle de Poudlard dans *Harry Potter*, la magnifique bibliothèque du monastère de Strahov, tout près du château de Prague et de la colline de Petřín, figure sur la liste des édifices qu'il faut voir au moins une fois dans sa vie. Le monastère lui-même, au sein duquel se trouve la bibliothèque, a été fondé au XIIe siècle. C'est donc l'un des plus vieux de Tchéquie, qui exerce encore sa fonction première. Sa partie la plus ancienne est la salle de Théologie construite entre 1671 et 1674. On y trouve des écrits théologiques et différentes traductions et éditions de la Bible. De style baroque, elle possède de magnifiques fresques et un splendide décor en stuc. La salle de philosophie est la plus vaste et mesure dix mètres sur trente-deux. Construite entre 1783 et 1785, elle comprend deux étages du bâtiment. Un cabinet des curiosités situé dans le couloir relie les deux salles. On trouve aussi dans la bibliothèque un cabinet de curiosités où se découvrent divers spécimens d'histoire naturelle et collections scientifiques.

ADRESSES UTILES

- Centre touristique officiel de la ville de Dresde https://www.dresden.de/fr/tourisme/tourisme.php
- Office national tchèque de tourisme https://www.visitczechia.com/fr
- Prague https://www.prague.eu/fr

Prague, la « petite mère » chère à Kafka, a également fortement inspiré les compositeurs.

La vallée du Douro

Une nature préservée

Porto – Bitetos – Régua – Pinhão – Vega de Terrón – Salamanque – Barca d'Alva – Senhora da Ribeira – Ferradosa – Pinhão – Régua – Bitetos – Porto

Une autre expérience originale qui conjugue croisière et randonnée durant une partie du parcours. Le fleuve d'Or, comme on appelle là-bas le Douro, traverse plusieurs régions authentiques pleines de charme, chacune possédant ses traits de caractères bien à elle et toutes déclinant des paysages naturels extraordinaires. Vignobles en terrasse, petits villages pittoresques, sites historiques et dégustations rythment l'itinéraire, une autre manière de percer les mystères du Portugal et de ses traditions !

La vallée du Douro.

MUSTS

LES + RANDO :

- Le village de Provesende, l'une des plus belles vues du Portugal
- Le parc naturel du Douro, vers la falaise aux rapaces
- Porto et visite d'un atelier d'azulejos
- Salamanque, ville universitaire par excellence

POUR LES ACCOMPAGNANTS, UN PROGRAMME ADAPTÉ :

- La Casa de Mateus et le musée du Douro à Régua
- Figueira de Castelo Rodriguo, l'un des douze villages historiques du Portugal
- Guimarães et son cœur médiéval

INFOS PRATIQUES

- Tout public et pour randonneurs
- Au printemps ou en automne afin d'éviter les trop grosses chaleurs

JOUR 1
Porto

Le rendez-vous à bord se déroule en fin d'après-midi, à l'embarcadère du quai Quebrantões à Vila Nova de Gaïa, la ville «jumelle» de Porto, située en contrebas sur l'autre rive du Douro. Le bateau peut accueillir jusqu'à 138 passagers et possède 71 cabines agréables et fonctionnelles. L'équipage, pour la plupart portugais, accueille les passagers. L'ambiance chaleureuse, typique des pays du sud est palpable dès les premières minutes. De bons moments en perspective !

Porto se dévoile avec son centre historique, ses azulejos et ses façades colorées.

Porto, deuxième plus grande ville du Portugal, offre une multitude d'attractions et d'activités.

La cathédrale fortifiée de Porto, surnommée la Sé, est un mélange de styles roman, gothique et baroque.

PORTO, SUPERBE ET ATTRACTIVE

Porto est la deuxième plus grande ville du Portugal. Destination incontournable pour les amateurs de culture, d'histoire et de gastronomie. La cité regorge d'attractions et d'activités. Le périple commence par une incursion dans la Ribeira, le quartier historique de Porto, labyrinthe de ruelles étroites et colorées où se mêlent les façades décrépites et les maisons aux azulejos flamboyants. Puis c'est la découverte de la cathédrale Sé do Porto, emblème de la ville, qui domine la Ribeira et offre une vue imprenable sur les toits et le fleuve Douro. Le monument, construit au XIIe siècle, est un superbe exemple d'architecture romane et gothique. Son cloître est orné de magnifiques azulejos.

Porto est une destination incontournable pour les amateurs de culture, d'histoire et de gastronomie.

Statue de Pierre Ier (ou Pierre IV du Portugal), proclamé empereur du Brésil le 12 octobre 1822.

J. 2
De Porto à Régua

Après une bonne nuit de repos bercés par les flots du Douro, les croisiéristes sont invités à partir en car vers le centre historique de Porto pour visiter les monuments les plus emblématiques. C'est sur la place de la Liberté, ainsi nommée en souvenir d'événements historiques que la balade commence. Le groupe suit le guide en direction de l'église Saint-François, du palais de la bourse et d'un superbe manoir du XIXe siècle, à flanc de colline, ancienne propriété d'un producteur de porto. La visite d'un atelier de fabrication d'azulejos, ces magnifiques carreaux de faïence colorés, typiques des pays du sud, complète la découverte de la ville. En cette première matinée, l'ambiance devient joyeuse et les passagers se découvrent déjà des affinités.

LES AZULEJOS, UNE TRADITION MILLÉNAIRE

Les magnifiques carreaux d'azulejos que vous verrez à Porto et dans tout le Portugal sont le résultat d'une forme d'art qui a une longue histoire dans le pays. L'histoire a commencé pendant l'occupation arabe de la péninsule ibérique, une époque qui a duré huit siècles, entre 711 et jusqu'à la prise de Grenade, en 1492. Issu du mot arabe *al-zuleij*, qui signifie « pierre polie », l'azulejo témoigne de cette période où quasiment toute la péninsule Ibérique était sous domination musulmane et portait le nom d'Al-Andalus. La visite d'un atelier où sont fabriqués les ajuleros, ces carreaux et ces mosaïques peints et ornés de motifs botaniques, animaliers et historiques dans des tons bleus et blancs, est donc une occasion unique de découvrir cet art ancestral, l'une des expressions artistiques les plus spécifiques et singulières du Portugal.

La chapelle des Âmes (ou chapelle Sainte-Catherine) à Porto. Ce magnifique petit édifice est particulièrement admiré pour ses superbes façades richement décorées.

LE PORTO, DÉLICE DU DOURO

La légende affirme que, au XVIIIe siècle, un marchand anglais se rendant compte que le vin portugais qu'il expédiait en Angleterre, voyageait mal et arrivait à destination sous la forme d'une infecte piquette, décida pour tenter de pallier le désastre d'y ajouter un peu d'eau de vie dans la barrique. Ainsi naquit le porto. Il devint rapidement célèbre grâce notamment à Colbert. Le célèbre ministre, en taxant à outrance les vins français, favorisa l'essor des autres cépages européens, en particulier ceux de Porto. Hélas, les Portugais augmentèrent bientôt la production au détriment de la qualité. Pour s'assurer de celle-ci, le gouvernement délimita une zone de production, la première AOC au monde, en 1756. Le Porto est aujourd'hui encore essentiellement originaire de la région du Douro au Portugal. Connu pour sa douceur en bouche, il est l'un des alcools qui vieillissent le mieux.

Le Douro dans la région de Porto.

J. 3 De Régua et Pinhão à Vega de Terrón (Espagne)

Au petit matin, les courageux randonneurs partent tôt avec leurs sacs à dos vers Provesende, l'un des plus anciens et plus charmants villages du Portugal. À travers les maquis, les forêts et les coteaux qu'ils arpentent, ils profitent de vues plongeantes uniques sur la vallée et le fleuve. Cette première marche de 2 h 30 est en quelque sorte, une « mise en condition » et l'occasion pour les guides encadrants d'apprécier la forme physique de chacun afin d'adapter au mieux leur programme des prochains jours. En parallèle, les autres croisiéristes prennent le car vers la casa des Mateus et son splendide jardin à la française et, dans un second temps, au musée du Douro à Réga. Après ces deux haltes, direction Vila Réal, surnommée la « ville royale » dont le patrimoine architectural séduit les adeptes de culture et d'histoire. Le musée étant situé sur les bords du Douro, le retour au bateau se fait très agréablement à pied. L'après-midi se déroule en navigation douce vers Vega de Terrón. Le bateau sillonne le fleuve lentement afin de permettre à tous d'observer les splendides vignobles traversés. Nourris par les brumes hydratantes du Douro et inondés d'un généreux soleil, ils produisent le célèbre vin de Porto.

Salamanque. Ville universitaire très cotée, dont la célèbre faculté, fondée dans les années 1100, constituait un centre intellectuel majeur aux XVe et XVIe siècles.

J. 4

De Vega de Terrón à Salamanque et Barca d'Alva

Une fois n'est pas coutume en ce quatrième jour de croisière, randonneurs et accompagnants partent ensemble en car vers Salamanque, accompagnés par les animateurs. Cette journée entière d'excursion favorise les rapprochements et les échanges humains entre passagers. La découverte de la cité se fait à pied en compagnie d'un guide local. « La ville dorée aux mille légendes », classée au Patrimoine mondial de l'Unesco, révèle ses secrets à travers monuments, ruelles et récits captivants truffés d'anecdotes. À midi, tous se retrouvent dans un restaurant typique et dégustation de mets aux accents espagnols. Cette journée bien chargée se conclut d'ailleurs par une soirée flamenco.

La vallée viticole du Duro à Quinta de Tedo.

Le village pittoresque de Figueira de Castelo Rodrigo.

J. 5

Barca d'Alva — Senhora da Ribeira

Les randonneurs quittent le bateau à l'aube pour découvrir la fameuse falaise aux rapaces, située au cœur du parc naturel du Douro. Cette escapade ornithologique permet d'observer des espèces singulières : aigles, vautours et milans. Cette randonnée de huit kilomètres dure trois heures. Les autres croisiéristes partent en autocar visiter Figueira de Castelo Rodrigo, un petit village médiéval typique. Une promenade dans les ruelles étroites conduit jusqu'à Notre-Dame de Rocamador et ses maisons anciennes *intra-muros* ainsi que les ruines du château, acteur et témoin de nombreuses batailles. Au cours de la matinée, un artisan-cuisinier propose des spécialités locales et en explique les modes de fabrication. De retour au bateau, la navigation reprend son cours en direction de Senhora da Ribeira.

La vallée du Douro à Pinhão.

J. 6

Senhora da Ribeira — Ferradosa — Pinhão — Régua — Bitetos

Après cette longue après-midi de navigation la veille, tout le monde est prêt à repartir d'un bon pied en ce sixième matin de croisière. En particulier les randonneurs qui, acheminés en car jusqu'à Sao Joao da Pesqueira, sont en partance pour la journée entière avec un panier-repas préparé par le chef. La haute vallée viticole du Douro, classée au Patrimoine mondial de l'Unesco, s'étend désormais devant eux. Loin de tout, ce paradis perdu préservé nous rappelle combien la richesse de la biodiversité est essentielle pour notre avenir. La randonnée dure environ quatre heures. Les autres passagers regagnent la terre ferme après le petit-déjeuner et s'acheminent en car pour Pinhão, où leur est proposée une dégustation de vin de Porto. La route sinueuse qui les mène à cette cave leur permet d'admirer les somptueux paysages escarpés, ainsi que deux villages hauts en couleur : São Salvator do Mundo et São João da Pesqueira. L'après-midi, le bateau navigue vers Bitetos, tandis qu'en soirée, le fado s'invite à bord avec la présence d'un artiste de talent accompagné d'une guitare acoustique.

La gare de Pinhão. L'une des plus belles du pays, avec ses façades décorées de 25 panneaux d'azulejos, illustrant les travaux de la vigne.

ADRESSES UTILES

- Office de tourisme de Porto https://bonjourporto.fr/office-du-tourisme-porto/
- Office de tourisme de Salamanque https://salamanca.es/fr/services/office-de-tourisme-en-ligne/offices-de-tourisme
- Office de tourisme de Barca d'Alva https://www.visitportugal.com/fr/NR/exeres/8C0575B4-AD50-4D00-B01E-CDD016BD224D
- ODF

J. 7
Bitetos – Porto

En ce matin du dernier jour de croisière, le bateau prend la direction de Bitetos à Porto, le port d'attache de l'Infante. Depuis Porto, les randonneurs, eux, vont marcher le long du Douro en direction de l'estuaire, puis de la façade atlantique au sud, occasion idéale pour eux de découvrir des perspectives incroyables sur la ville et sur l'océan. En parallèle, les accompagnants se rendent en car à Guimarães, considéré comme le berceau du pays, pour visiter les murailles et le cœur médiéval de la ville. Pour clore cette superbe semaine de découverte de la richesse de la culture portugaise, de ses traditions préservées et de l'art de vivre à bord du bateau.

Le château de Guimarães, demeure d'Alphonse Ier, fondateur de la dynastie des rois du Portugal.

Au fil du Guadalquivir et du Guadiana

Entre fleuves et mer

Séville – Cordoue – Séville – Isla Minima – El Puerto de Santa Maria – Jerez – Cadix – Alcoutim – Huelva – Séville

Cette croisière fluvio-maritime démarre en Andalousie sur un large fleuve aux paysages sauvages, le Guadalquivir, traverse l'océan Atlantique et ses embruns, dans le golfe de Cadix, avant de rejoindre la ville blanche elle-même, puis se dirige vers l'Algarve en empruntant un petit fleuve le Guadiana, qui fait frontière entre l'Espagne et le Portugal. Au gré de la navigation, les paysages changent comme les sensations éprouvées, que l'on soit sur le fleuve ou en mer.

Sur le Guadalquivir.

JOUR 1
Séville

MUSTS

- Le monastère de la Rabida et le parc des caravelles de Christophe Colomb
- Navigation dans le golfe de Cadix jusqu'à Huelva
- Cordoue
- Séville
- Grenade

INFOS PRATIQUES

- Tout public
- Au printemps ou en automne afin d'éviter les trop grosses chaleurs

L'embarquement à Séville se fait en fin d'après-midi, quai des Délices, à deux pas du superbe jardin Santa Maria et de la célèbre place d'Espagne. Le bateau de 110 m peut accueillir jusqu'à 176 passagers grâce à ses 88 cabines. Trente-sept membres d'équipage disponibles accueillent les croisiéristes avec le sourire. Ils vont être aux petits soins pour faire de ce séjour une réussite à tous points de vue, une parenthèse hors du temps et des contraintes du quotidien. Qu'il s'agisse des délicieux repas concoctés par le chef ou encore des animations orchestrées par la commissaire de bord et ses collaborateurs, les animateurs, tout est fait pour que l'instant se savoure dans une ambiance chaleureuse et de partage. Durant les huit jours de croisière, les voyageurs, amateurs d'histoire et de culture, vont aller de surprise en surprise au gré des étapes et des excursions prévues. Leur soif de savoir est comblée grâce au programme mélangeant découvertes culturelles et temps disponible pour chacun.

La *Belle de Cadix* à Séville.

Séville. La place d'Espagne, conçue pour l'Exposition ibéro-américaine de 1929.

L'ALCAZAR

(De l'espagnol alcázar *(« forteresse »), de l'arabe* (al) qaṣr *(« château »), lui-même dérivé du latin* castra*).*

Site classé au patrimoine mondial de l'Unesco, l'Alcazar royal de Séville est le plus ancien palais d'Europe encore utilisé. Ses origines remontent au XIe siècle, lorsque les autorités musulmanes décidèrent de construire une forteresse dans un quartier stratégique de Séville afin de garantir leur sécurité.
Puis, de 1477 à 1492, c'est la Reconquista, la « reconquête » du territoire par les catholiques. Le roi Ferdinand et la reine Isabelle de Castille adjoignent aux lieux le palais gothique, confortable et moderne pour y loger la famille royale. Dès lors, Séville et son Alcazar royal ont évolué à l'unisson, chacun des monarques qui y ont régné admirant grandement ce que leurs prédécesseurs avaient construit, il a été parfaitement préservé.
Entouré d'un mur, il accueille en son sein plusieurs palais et offre un large éventail de styles, combinant des éléments typiques de l'art musulman, de l'art gothique, de la Renaissance, du baroque et du romantisme, ainsi que de beaux exemples d'art mudéjar, mélange de culture islamique et chrétienne.

L'Alcazar de Séville, dont la construction s'étendit sur plusieurs siècles.

Cordoue, l'une des plus belles villes d'Espagne, célèbre pour ses cuirs et les personnages célèbres qui y naquirent comme Averroès, philosophe et médecin du XIIe siècle et Moïse Maïmonide, lui aussi philosophe et médecin de la même époque.

J. 2 Séville – Cordoue – Séville

Le deuxième jour commence par la visite de Cordoue, de son incroyable mosquée-cathédrale, de son Alcazar et de son pittoresque quartier juif. Certes, le réveil est un peu matinal mais le généreux petit déjeuner, le ciel azur et le soleil éblouissant du matin remplissent d'énergie et favorisent la bonne humeur. Le trajet de deux heures en car est un bon moyen pour apprécier la diversité des paysages de la région, des plaines fertiles aux cultures méditerranéennes (blé, vignobles, oliviers) en passant par les vallons ondulants. Accompagnés toute la journée par un guide passionné tant par l'histoire, la géographie que l'économie, l'Espagne se dévoile, bien au-delà des clichés classiques. De retour au bateau en fin de journée, tous sont accueillis par un équipage attentionné et apprécient très vite la fraîcheur des cabines après une journée de chaleur. Un délicieux repas aux saveurs Andalouses termine une journée riche en découvertes.

LA MOSQUÉE-CATHÉDRALE

C'est l'un des bâtiments les plus impressionnants au monde, ce qui en fait sans doute l'une des attractions touristiques les plus remarquables d'Espagne. Chaque année, environ 1,5 million de touristes s'émerveillent devant ce monument qui comporte plusieurs styles architecturaux et unit tout à la fois des éléments religieux de l'islam et de la culture occidentale. La cathédrale, anciennement mosquée de la ville, n'est pas seulement le plus grand des édifices religieux musulmans connus, mais c'est aussi la plus grande construction religieuse tout court. Elle possède des dimensions gigantesques, s'étend sur 24 000 m² et compte jusqu'à plus de 850 colonnes en marbre, granit, jaspe et autres matériaux précieux. La mosquée témoigne de plus de mille ans d'histoire depuis le VIIIe siècle, quand Abd al-Rahman Ier a décidé de sa construction en lieu et place de la basilique chrétienne Saint-Vincent. Son édification a duré environ 200 ans. Lorsque Cordoue a été reprise par le roi Ferdinand III en 1236 et rattachée à la chrétienté, la mosquée est redevenue une église. En 1523, Hernán Ruiz Ier en fait, sans détruire les acquis musulmans, la nouvelle cathédrale de Cordoue.

La grande mosquée de Cordoue, mélange fascinant d'art religieux chrétien et musulman.

J. 3

Séville – Isla Minima – El Puerto de Santa Maria

La matinée est consacrée à la découverte de Séville avec, pour commencer, un joli tour panoramique en car qui permet un aperçu global des différents quartiers qui composent la cité. Ensuite, l'arrêt au centre-ville s'impose pour la superbe visite guidée du palais de l'Alcazar et de ses ravissants jardins fleuris parsemés de fontaines et de bassins. Suit la visite de la cathédrale Notre-Dame-du-Siège de Séville, un haut lieu religieux symbolique d'une richesse impressionnante avec ses pièces d'orfèvrerie, ses tableaux peints, ses statues, ainsi que le tombeau de Christophe Colomb. Pendant le déjeuner servi à bord, le bateau lève l'ancre pour se diriger vers Isla Minima. À bord, tous apprécient le parc Doñana classé par l'Unesco « réserve naturelle de la biosphère », ainsi que Sanlucar de Barrameda. Parvenus à destination, les croisiéristes se rendent à la fameuse et pittoresque hacienda Isla Minima, où ils assistent à un formidable spectacle équestre, suivi d'une dégustation du vin local. Le lieu enchanteur, l'ambiance authentique et l'architecture des bâtisses du XIXe siècle permettent aux visiteurs de mieux appréhender l'âme andalouse et ses traditions. Une fois la visite achevée, le bateau reprend son cap vers El Puerto de Santa Maria sur la Costa de la Luz.

LES HACIENDAS

L'hacienda andalouse également connue sous le nom de « casa de campo », est un habitat rural traditionnel qui s'est répandu dans la campagne espagnole à partir de l'occupation de la vallée du Guadalquivir par les Castillans, entre le XIVe siècle et le XVIe siècle. Ces maisons sont souvent utilisées comme fermes. Les agriculteurs et leurs familles vivent ici et travaillent les terres environnantes. Construites à l'aide de matériaux traditionnels tels que la pierre, la brique et le bois, les haciendas sont conçues pour être à la fois fonctionnelles et esthétiquement agréables. Elles se caractérisent par leurs murs épais, leurs toits en pente et leurs larges balcons. L'« île de Minima » pourrait ainsi en être un modèle. Elle regroupait auparavant travailleurs et propriétaires, mais, avec la modernisation, les habitants ont commencé à préférer le village voisin de Puebla del Río comme lieu de résidence et le domaine d'Isla Minima comme lieu de travail. Dans l'hacienda, on élève taureaux et chevaux de la Carthusie.

Le parc national de Doñana et ses flamants roses.

L'entrée dans le port de Cadix.

J. 4 ET 5
El Puerto de Santa Maria — Jerez — Cadix

De El Puerto de Santa, le car prend la direction de Jerez, un lieu réputé pour ses vins. Après un tour panoramique et commenté de la ville, la visite s'enchaîne avec les haras où de magnifiques chevaux se préparent à une démonstration qui fait la gloire et la réputation du pays. À l'issue de ce temps fort, une dégustation de vins typiques est proposée dans une bodega. Revenus à bord pour le déjeuner, les croisiéristes assistent au départ vers Cadix. En attendant le prochain accostage, chacun peut contempler le paysage de son transat.

LES VINS DE JEREZ

Qu'appelle-t-on Xères, Jerez ou Sherry ? Tout simplement, des vins produits dans la région de Jerez, tout au sud de l'Espagne. Il n'y en a donc pas un seul, mais bien une multitude. Ces trois appellations sont en fait la traduction du nom espagnol de la cité. Le caractère général du vin de Xérès, son identité incroyable, ne sont pas seulement le résultat d'exceptionnelles conditions naturelles. Depuis plus de 3000 ans, ils sont la marque laissée sur cette terre par des cultures très différentes.
Au XIIe siècle, les vins de Jerez étaient exportés vers l'Angleterre, où ils étaient connus sous le nom maure de la ville : *Sherish*. Le roi Henri Ier échangeait ainsi laine anglaise contre vin de « sherry ». Depuis, la demande de la part de marchands anglais, français et flamands n'a cessé de croître, notamment après le mariage de Catherine d'Aragon avec Henri VIII.
La découverte de l'Amérique a ensuite aussi ouvert de nouveaux marchés. Aujourd'hui encore les vins de la région sont très recherchés, particulièrement dans les pays anglo-saxons.

Statue de Manuel María González Angel, fondateur de la société viticole Gonzalez Byass à Jerez.

HUELVA, LE MONASTÈRE DE SANTA MARÍA DE LA RÁBIDA ET LE PARC DES CARAVELLES

Le monastère de Santa María de la Rábida est situé dans la municipalité de Palos de la Frontera, à Huelva. C'est un couvent franciscain construit entre les XIVe et XVe siècles, déclaré monument historique et artistique national par ordonnance royale en 1856. Son histoire remonte à l'époque des Phéniciens et il fut une étape essentielle dans le voyage de Christophe Colomb.
Il y fut reçu par le frère Peres qui lui donna l'hospitalité. Le monastère était alors l'un des deux ou trois seuls lieux au monde où l'on étudiait la navigation basée sur la position des étoiles. Non loin de là, dans le fameux parc des Caravelles, vous pourrez apercevoir les répliques des navires : la *Pinta*, la *Niña*, et la *Santa Maria*, avec lesquels le célèbre navigateur génois découvrit l'Amérique en 1492. Tout près aussi, la maison du navigateur Martin Alonso Pinzon, capitaine de la *Pinta*, devenue un musée, retrace l'histoire de la conquête au travers d'objets, de bibliographies et de documents relatifs à la découverte de l'Amérique.

Le monastère de la Rábida où résida Christophe Colomb.

J. 6
Alcoutim (Portugal) – Huelva – Séville

Pour rejoindre Alcoutim depuis Cadix sur les rives du Guadiana au Portugal, le bateau a navigué de nuit. Après avoir traversé le Guadalquivir puis l'océan Atlantique dans le golfe, l'embarcation vogue sur une petite rivière frontière étroite aux courbes douces. À droite, l'Espagne, à gauche, le Portugal, deux pays frères qui se regardent et offrent chacun à leur manière un dépaysement et une qualité de vie des plus agréables. De part et d'autre des berges, des petits villages blancs authentiques parsèment le paysage. Nichée sur le flanc d'une colline dans une courbe du fleuve, la petite cité d'Alcoutim offre depuis son château en hauteur, de superbes vues sur Sanlúcar de Guadiana, en face en Espagne. Pendant le déjeuner à bord, le bateau lève l'ancre pour se diriger vers Huelva qui est atteint à la tombée de la nuit.

Cadix la Blanche.

Séville. La Torre del Oro (Tour de l'Or) qui fut construite au début du XIIIe siècle, durant la domination musulmane, afin de contrôler l'accès à la ville depuis le Guadalquivir.

J. 7
Séville – Grenade – Séville

Parvenus à Séville, les passagers reconnaissent le quai des Délices, le port où ils ont embarqué sept jours plus tôt. Au petit déjeuner, l'ambiance est joyeuse et volubile et les liens se tissent un peu plus chaque jour entre les passagers qui se préparent à rejoindre Grenade. Après trois heures de route en car, la visite commence par l'Alhambra, l'acropole médiévale la plus majestueuse du monde méditerranéen. Avant un déjeuner typique dans un restaurant au cœur de Grenade, accompagnés d'un guide, les croisiéristes plongent dans le centre historique et disposent d'un temps libre permettant de faire quelques emplettes. Le soir, à bord, la grande soirée de gala clôt en beauté la croisière.

Grenade et les sommets enneigés de la Sierra Nevada.

L'ALHAMBRA

Situé sur une colline qui domine Grenade, l'Alhambra est un ensemble fortifié de palais et de jardins construit à partir du IXe siècle. Ses édifices couverts d'ornements en stuc, ses fontaines et ses jardins témoignent au plus haut point du raffinement de l'architecture islamique. Du XIIIe au XVe siècle, c'est la résidence officielle des sultans nasrides. Dernier bastion de la dynastie, il fut reconquis en 1492, par les Rois Catholiques sous le règne de Boabdil, un sultan plus préoccupé de ses distractions que de la défense de sa cité. Alors qu'il est contraint de la quitter, la légende veut qu'il atteignît une colline, regarda en arrière et soupira. C'est alors que sa mère, Ayesha, lui dit sèchement : « Ne pleure pas comme une femme ce que tu n'as pas su défendre comme un homme. » La colline en question est depuis surnommée le « soupir du Maure ». Incontournables à la visite : les mosquées, les bains et la fameuse « cour des Lions », bâtie à la fin du XIVe siècle par Mohammed V. Ainsi que celle des fameux jardins en espaliers et du Generalife, résidence d'été des princes Nasrides, avec son ensemble de fontaines merveilleusement conçues au XIVe siècle et symboles même de la domestication de l'eau.

ADRESSES UTILES

- Office espagnol du tourisme à Paris
https://www.spain.info/fr/exterieur/office-tourisme-espagne-paris-france
+33 (0) 1 45 03 82 50

L'Alhambra de Grenade. La « cour des Lions ».

Le Pô et le canal Bianco

De Venise à Milan

Venise – Mazzorbo – Venise – Chioggia – Padoue – Porto Viro – Canda – Ostiglia – Verone – Mantoue – Lac de Côme – Milan

Cette croisière romantique au départ de la « Sérénissime » a pour originalité la découverte de trois superbes régions d'Italie : la Vénétie, la Lombardie et l'Émilie-Romagne. Après cinq jours au cœur de la lagune vénitienne, le bateau voguera vers Mantoue par le canal Bianco, avec une visite exceptionnelle de Milan. Enfin le séjour se terminera au lac de Côme dont la splendeur clôturera à merveille ce séjour entre art de vivre et culture.

Le *Michelangelo* dans la lagune.

JOUR 1
Venise

MUSTS

- Bateau amarré au cœur de Venise à proximité de la place San Marco
- Vérone, la ville des amoureux
- Mantoue, cité entourée de lacs et son palais ducal
- L'atmosphère romantique du lac de Côme

INFOS PRATIQUES

- Tout public
- Préférez également les saisons intermédiaires (printemps et automne) notamment pour la visite d'une Venise alors moins envahie par les touristes. Pensez à la chaleur en été qui est souvent insupportable et à l'humidité en hiver où l'*acqua alta* (montée des eaux) rend les balades plus compliquées.

Le jour J, l'embarquement commence en fin d'après-midi, quai San Basilio. Une fois tous les passagers arrivés, le bateau se positionne sur son lieu d'attache, au quai des Sept-Martyrs, à quelques ponts de la célèbre place Saint-Marc. Tout juste installés, les croisiéristes sont invités à monter sur le pont soleil pour profiter de cet exceptionnel moment de navigation où les monuments les plus emblématiques de Venise se laissent admirer dans un soleil couchant qui les magnifie. Un vrai spectacle grandeur nature qui met en bouche avant le cocktail de bienvenue et le dîner. Ceux qui le souhaitent peuvent faire une promenade digestive avant de se coucher.

Le *Michelangelo*.

Le campanile et le palais des Doges vus depuis le bassin de Saint-Marc.

LA PIAZZA SAN MARCO

Seule à posséder la dénomination de « Piazza » (place), les autres n'ayant droit qu'aux qualificatifs de « Piazetta » (placettes) ou « Campi » (champs), Saint-Marc, décrite par Napoléon comme « Le plus élégant salon d'Europe » est le centre vital de Venise. À son extrémité, côté « Piazetta dei Leoncini » (place des Lionceaux), la basilique doit son nom à l'évangéliste, patron de la cité. Cette merveille d'influence byzantine fut construite en 828 pour abriter les reliques du saint. Rebâtie en 976 après un incendie qui a ravagé le palais ducal, elle accueille, de nombreux musiciens qui viennent y chanter la gloire de Dieu, entre autres, la *Selva Morale e Spirituale*, chef-d'œuvre de Monteverdi qui l'a créée spécialement pour elle. La musique en est si novatrice qu'on affirme que des femmes, surprises, accouchaient dans l'église en l'entendant !

Détail de la façade de la basilique Saint-Marc.
Le saint patron de la ville au-dessus de son lion ailé, symbole de Venise.

J. 2
Venise — Mazzorbo — Venise

La matinée se déroule tranquillement en croisière dans la lagune de Venise. Une pause bien agréable qui permet de contempler depuis sa cabine ou sur le pont soleil la succession de monuments. Des embarcations de tailles différentes sillonnent déjà, malgré l'heure, le dédale de canaux et d'îles. Les passagers tombent sous le charme. Le bateau fait escale à l'île de Mazzorbo reliée par un pont piétonnier à la charmante île de Burano qui donnera également lieu à une visite. Ces petits villages de pêcheurs aux maisons typiques, aux façades bigarrées et aux jolies boutiques de dentelle artisanale reflètent bien toutes les traditions de la région. La découverte de l'île de Murano se fait en bateau privé. Pour ceux qui le souhaitent, il est possible d'assister à une démonstration de soufflage de verre d'un grand maître verrier.

MURANO, LA TRADITION DU VERRE

Murano est l'une des plus grandes îles de la lagune vénitienne. Elle est bien sûr célèbre pour sa production de verre. Ce travail est l'art le plus ancien pratiqué dans la lagune. Il a été pendant des centaines d'années l'une des industries commerciales les plus importantes de la république vénitienne. La première mention d'un maître de verre à Venise date de 982. Mais les fours se sont déplacés du centre de la ville et se sont concentrés sur l'île de Murano en l'an 1291. Ils produisaient à la fois des verreries commerciales et de luxe. La production commerciale, y compris les perles et les bouteilles, était tout aussi importante pour l'économie vénitienne et le développement global du commerce international, que celle des produits de luxe. Murano est encore aujourd'hui le lieu de prédilection de cet art séculaire.

Murano, l'île des verriers.

J. 3 Venise

Les mystères de la cité des Doges se dévoilent peu à peu… En route pour la place San Marco, sa célèbre basilique, le palais des Doges et ses intérieurs somptueux, résidence des doges et siège du gouvernement vénitien sont autant de merveilles qui témoignent de la grandeur du passé de la cité. Sans oublier l'emblématique pont des Soupirs, point d'orgue de la déambulation envoûtante. Après cette immersion dans le passé, le déjeuner est servi à bord. L'après-midi est laissée libre.

Venise. Le pont du Rialto.

LA GÉOGRAPHIE DE VENISE

Venise est composée de six *sestieri* ou quartiers. Tous ont leur particularité. San Marco, le plus central et le plus touristique abrite la basilique, le musée Correr et le campanile. San Polo se déploie autour du Rialto et représente le cœur commerçant de la ville. Vous y dénicherez les fameuses *furlane*, ou chaussures de gondolier. Castello, le plus typique, englobe aussi l'île cimetière de San Michele. Dorsoduro réunit les îles de la Giudecca, de Sacca Fisola et de Sacca San Biagio. On y découvre la somptueuse église du Redentore, construite par Andrea Palladio pour conjurer l'épidémie de peste de 1575. Le cinquième sestiere comprend les îles de Santa Croce, zone lacustre. Enfin Cannaregio, au nord, est sans doute le plus mystérieux, avec ses dédales de ruelles qui se perdent dans le Ghetto…

Chioggia. La ville est souvent surnommée la « Petite Venise » pour ses canaux, ses *calli* (pluriel de *calle*, « rue ») étroites et ses nombreux ponts qui rappellent la perle de l'Adriatique.

J. 4
De Venise – Chioggia – Padoue – Porto Viro à Canda

Très tôt le matin, avant même le petit-déjeuner, la navigation reprend vers Chioggia, à 50 km au sud de Venise. De splendides vues panoramiques sur la lagune défilent avant de quitter la Sérénissime. C'est en milieu de matinée que le petit port typique surgit. C'est jour de marché... Une foule joyeuse se presse au milieu des étals colorés bien garnis. Certains croisiéristes en profitent pour acheter quelques spécialités locales et ramener ainsi un peu d'Italie dans leurs bagages. L'après-midi, le car se rend à Saint-Antoine de Padoue. Au programme : l'imposante basilique qui abrite la tombe du célèbre saint protecteur de la ville et quelques-unes de ses reliques, et une déambulation dans le centre historique. En fin de journée, le bateau attend les passagers à Porto Viro en vue d'une prochaine escale à Canda qui sera atteint dans la soirée. Mais chacun peut apprécier une partie du delta du Pô, parsemée d'une multitude d'îles.

Padoue, célèbre pour ses fresques de Giotto et sa grande basilique Saint-Antoine du XIIIe siècle.

Vérone, la ville de « Roméo et Juliette ». Elle est également connue pour ses arènes et son Ponte Pietra, pont de pierre de l'époque romaine, restauré à la fin du XIIIe siècle, qui franchit l'Adige.

J. 5
Canda – Ostiglia – Vérone – Mantoue

Cap vers Ostiglia qui se laisse découvrir en fin de matinée. Les terres alluviennes avec leurs singuliers reliefs et contours dessinent des formes étonnantes entre villages et campagnes. Après le repas, un car attend les passagers pour Vérone. Les curieux ont hâte de découvrir les célèbres arènes mais aussi le fameux balcon de Juliette, immortalisé par Shakespeare. En prime, la beauté des styles d'architecture où influences Lombardes et Renaissance se côtoient. Une petite halte autour d'un expresso et d'une pâtisserie « Véronèse », *torta de Puina*, dessert typique à la ricotta, *crostoli*, bonbons du carnaval, le nom que les Véronèse donnent au bavardage du carnaval, *nadalin*, *offella di Bovolone*, *sfogliatine di Villafranca* ou *mandorlato di Cologna Veneta*, régalent les plus gourmands.

J. 6
Mantoue

Pendant le petit-déjeuner dans les brumes de l'aube naissante, les conversations vont bon train à propos de Mantoue. Ce serait la ville la plus romantique d'Italie du Nord. À défaut, cette ancienne capitale des Gonzague, princes-artistes de la Renaissance, en est sûrement l'une des cités les plus riches artistiquement parlant. Les grandeurs du Cinquecento, une époque d'un luxe et d'un faste inouïs, sont incomparables. Une autre option de sortie est proposée aux amateurs d'automobiles, à savoir la visite du prestigieux musée Ferrari à Modène. C'est un lieu culte situé dans la maison natale même du créateur et incontournable pour les vrais passionnés de la marque.

Sur le Pô...

J. 7 De Mantoue à Milan et au lac de Côme

La croisière terminée, le transfert vers Milan est effectué en car. Le tour panoramique de la cité permet de découvrir les multiples facettes de cette capitale de la mode. Le centre historique et son magnifique Duomo à l'extraordinaire façade de dentelle font partie des incontournables de la ville. En fin de journée, le car conduit les passagers dans un hôtel de Côme.

Le *Duomo*, La cathédrale de Milan, souvent considérée comme l'une des plus belles du monde en raison de sa façade ornée et de ses sculptures délicates.

Varenne, sur le lac de Côme.

J. 8
Lac de Côme

Situé en bordure du lac aux eaux saphir, l'hôtel prolonge le rêve de ce voyage magnifique. Après le petit-déjeuner, une visite de Côme est proposée. Une flânerie fait toucher du doigt la fameuse *dolce vita*, cet art de vivre hédoniste qui se savoure sans retenue. Pour clore la journée, une balade en cabotage sur le lac révèle les adorables villages et les superbes villas perchées sur les rives.

ADRESSES UTILES

- Office de tourisme de Venise
https://www.e-venise.com/office_tourisme_venise.htm
- Office de tourisme de Mantoue
https://www.in-lombardia.it/fr/que-faire-en-lombardie/tour-shopping/10-buoni-motivi-per/10-bonnes-raisons-pour-visiter-mantoue
- Office de tourisme de Milan
https://www.visitonsmilan.com
- Office de tourisme de Côme
https://www.in-lombardia.it/fr/où-aller-en-lombardie/lac-de-come#

Blotti dans les Alpes italiennes, ce petit coin de paradis aux airs de décor de cinéma fascine depuis des siècles.

La Havel, l'Oder et la mer Baltique

De Copenhague à Berlin

Copenhague – Gedser – Rostock – Stralsund – île de Rügen – Greifswald – Wolgast – île d'Usedom – Szczecin – Lunow – Lichterfelder – Henningsdorf – Berlin

Ce périple nous amène à la fois sur la mer Baltique, l'Oder et la Havel. Trois voies d'eau singulières qui signent un voyage rare, un parcours très original à travers l'Europe du Nord, en passant par le Danemark, la Pologne et l'Allemagne. Les nombreuses escales, toutes exceptionnelles, rythment l'itinéraire. Pour le voyageur, c'est une opportunité pour mieux appréhender les cultures, les patrimoines et les paysages différents.

Le *Victor Hugo.*

JOUR 1
Copenhague

MUSTS

- Copenhague, la capitale du Danemark, mélange parfait d'un passé historique et de modernité
- Stralsund, ville hanséatique typique du nord de l'Allemagne
- Les îles d'Usedom et de Rügen, aux paysages à couper le souffle
- Szczecin, une ville-port riche de traditions et d'une histoire remarquable
- Le monastère de Chorin, un bijou de l'architecture cistercienne

INFOS PRATIQUES

- Tout public
- Toutes saisons

À la mi-journée, Copenhague s'impose aux regards des passagers qui sont invités à parcourir la ville en car panoramique avant de déambuler à pied dans le centre historique. Le célèbre château de Christiansborg, siège du parlement danois, le palais d'Amalienborg, résidence de la famille royale du Danemark, et l'imposante fontaine Gefion, fleurons de la capitale et trésors d'élégance et de raffinement, sont les cibles privilégiées des photographes et des amateurs d'art. Sur le front de mer, il est temps d'admirer la fameuse Petite Sirène, star incontestée des contes pour enfants et symbole même de la ville.

Copenhague, la capitale du Danemark, fut fondée au xe siècle par le Viking Harald Blåtand, connu sous le nom de Dent Bleue, devenu le premier roi du pays et le fondateur de la plus vieille monarchie du monde.

Amalienborg, résidence des rois du Danemark et le palais Christian VIII.

LA PETITE SIRÈNE

Icône incontestée de Copenhague, la petite sirène de bronze repose sur un rocher dans le port de la capitale, sur les rives de la mer Baltique. Elle mesure 125 cm et pèse 180 kg. Si tout le monde connaît le conte d'Andersen, histoire d'une jeune sirène qui renonce à sa vie en mer pour rejoindre son prince, peu de gens connaissent le parcours de la célèbre statue qui regarde mélancoliquement vers la mer. Elle a été financée par Carl Jacobsen, fils du fondateur de la marque de bière danoise Carslberg, qui voulait offrir une sculpture inédite à la ville de Copenhague. Elle a été réalisée par Edvard Eriksen. L'artiste voulait prendre pour modèle la danseuse Ellen Price, devenue célèbre pour avoir justement joué le rôle d'une sirène. Mais elle refusa de poser nue, le sculpteur utilisa alors le corps de sa propre épouse et la tête et le visage de la danseuse. Depuis 1913, la petite sirène (*Den lille havfrue* en danois) a reçu des millions de visiteurs ce qui en fait le monument le plus vu de Copenhague. Depuis 2012, elle possède un alter ego masculin, Han, à Elseneur, la ville d'Hamlet.

La légendaire petite sirène.

J. 2
Copenhague — Gedser — Rostock — Stralsund

Après une bonne nuit de sommeil dans un hôtel, les croisiéristes reprennent le car qui les conduit vers Gedser. C'est là qu'ils embarquent à bord du ferry effectuant la traversée maritime de deux heures vers Rostock. Parvenus à destination en début d'après-midi, ils effectuent un nouveau trajet en bus jusqu'à Stralsund, lieu d'embarquement. Amarré dans un charmant port de plaisance, le bateau se laisse découvrir par les passagers qui, après leur installation dans leurs cabines, peuvent se promener dans le cœur historique de Stralsund et, pourquoi pas, y faire un peu de shopping.

STRALSUND

Stralsund est une des plus grandes villes du Mecklembourg-Poméranie occidentale. La ville est située au bord de la mer Baltique, séparée de l'île de Rügen par le Strelasund. Au Moyen Âge, Stralsund était un important pôle commercial de la ligue hanséatique et contribua notamment au développement des types de bâtiments caractéristiques et des techniques de construction du « gothique brique » de la région. L'hôtel de ville de Stralsund est un bel exemple de cette architecture typique. Vous découvrirez également l'église Saint-Nicolas, l'église Saint-Jacob, le monastère Sainte-Catherine. La vieille ville est protégée dans son intégralité comme zone de valeur historique et offre ainsi au visiteur un exemple unique du patrimoine culturel de la Hanse.

Stralsund, une des plus grandes villes du Mecklembourg Poméranie occidentale, inscrite sur la liste du Patrimoine mondial de l'Unesco en 2002, particulièrement représentative de la Hanse.

L'île de Rügen fut la plus célèbre station de vacances de l'Allemagne jusqu'à la Seconde Guerre mondiale. Le pont la reliant au continent fut construit en 1936. Lieu de vacances privilégié de l'ancienne RDA, Rügen connaît toujours un fort engouement.

J. 3 Stralsund – île de Rügen – Greifswald

En ce troisième jour de croisière, le bateau rejoint l'île de Rügen, au nord-est de l'Allemagne. Ce petit paradis de la mer Baltique, ses falaises abruptes, ses pinèdes, ses plages de sable blanc et ses eaux turquoise, séduisent à coup sûr les amoureux de nature et de lieux insolites... Le temps semble s'être arrêté. Ici plane le parfum des stations balnéaires d'antan. Petites villes avec leurs petits ports, leurs fermes ou leurs châteaux, chaque endroit respire le calme et la sérénité, tout comme la magnifique station balnéaire de Binz et sa longue jetée où il fait bon se promener. Après le déjeuner à bord, la visite guidée du Stralsund médiéval avec son architecture typique ne laisse pas indifférent. En fin d'après-midi, la navigation se poursuit vers Greifswald.

Binz, sur la côte est de l'île de Rügen, et son immense plage de sable fin bordée d'une dune plantée de pins. Ses nombreuses villas blanches à l'architecture balnéaire ont été parfaitement restaurées.

J. 4

Greifswald – Wolgast – île d'Usedom

C'est dans le port de Greifswald que les croisiéristes se réveillent en ce matin du quatrième jour de croisière. À l'extérieur l'ambiance est typique des villes du nord aux façades alignées et colorées. Dans la matinée, une visite guidée du centre historique mène les voyageurs à travers les rues de Greifswald, la seule ville hanséatique allemande à avoir été miraculeusement épargnée pendant la guerre, ce qui en fait un conservatoire patrimonial remarquable. Ses nombreux monuments ocre, rouges, bleus et blancs en sont les plus beaux témoins. C'est la ville de naissance du peintre romantique Caspar David Friedrich. Après la pause déjeuner, le bateau lève l'ancre pour la route vers Wolgast, en passant par l'estuaire de Peenestrom. C'est l'occasion de visiter l'île d'Usedom.

LES STATIONS BALNÉAIRES

L'île de Rügen, joyau de la Baltique, offre une diversité naturelle sans pareille... Vous apercevrez Putbus, surnommée la ville blanche ou « Rosenstadt » en raison des rosiers qui ornent les façades des bâtiments historiques. Le parc national de Jasmund est particulièrement connu pour ses « Stubbenkammer », des falaises de craie et de granit. Puis vous rejoindrez la station balnéaire de Binz où vous pourrez vous promener le long de la jetée ou sur sa longue promenade en léger retrait de la place bordée de belles maisons à l'architecture fin XIXe. Non loin de là, Ahlbeck dans l'île d'Usedom, à la frontière de la Pologne, et sa voisine Bansin, furent des lieux de villégiatures réputés de la bourgeoisie allemande dès le milieu du XIXe siècle.

L'île d'Usedom. Nulle part ailleurs, on ne peut admirer autant de points de vue différents en un endroit si petit : plages, côtes, lacs et tourbières, dunes, forêts de pins ou de hêtres, stations balnéaires...

LES VILLES HANSÉATIQUES

Le terme « hanse » est dérivé du vieux haut allemand pour « foule » et utilisé depuis le XIIe siècle pour désigner les communautés de marchands itinérants. La ligue hanséatique est née après avoir uni ses forces pour mieux se protéger contre les pirates et conjuguer leurs intérêts économiques. À l'apogée du réseau, plus de 200 villes en faisaient partie, principalement autour de la mer Baltique et à l'intérieur des terres jusqu'à Cologne, Erfurt et Cracovie. Cependant, son influence s'est étendue bien au-delà de cette zone grâce à des comptoirs commerciaux installés du Portugal à la Russie et de la Finlande à la Méditerranée. Les principaux se trouvaient à Novgorod, Bruges, Londres et Bergen. D'autres succursales plus petites ont été établies dans de nombreux centres européens. La ligue a perdu de son importance à partir du milieu du XVIIe siècle principalement en raison du pouvoir croissant des autres compagnies marchandes. Pendant plus de 400 ans, elle a façonné l'économie, le commerce et la politique dans le nord de l'Europe.

Greifswald. Ville de la Hanse, elle se trouve entre les deux plus grandes îles allemandes : Usedom et Rügen.

J. 5
Wolgast — Szczecin (Pologne)

C'est la première matinée de navigation durant laquelle chacun dispose d'un temps libre. Le bateau glisse sur la lagune de Szczecin située dans la partie sud-ouest de la mer Baltique, partagée entre l'Allemagne et la Pologne. En traversant un parc naturel préservé où dominent forêts touffues, prairies, marais et lacs, l'embarcation franchit la frontière. À Szczecin, après le déjeuner, visite guidée du centre, de son mélange d'architecture dressant côte à côte belles demeures bourgeoises d'antan et blocs de béton de l'époque communiste.

Szczecin. La lagune de Szczecin située dans la partie sud-ouest de la mer Baltique, partagée entre l'Allemagne et la Pologne.

J. 6
Szczecin — Lunow — Lichterfelder

Dès le petit-déjeuner, le bateau vogue vers Lunow, où il arrive vers midi. Le Parc national de la vallée de la Basse-Oder est à la portée de tous. À l'horizon, s'étend le vaste paysage des plaines alluviales. Il s'étire sur plus de 60 km le long des rives allemandes et polonaises de l'Oder. Après le déjeuner, le bateau fait escale pour la visite du monastère cistercien de Chorin, niché au cœur de la réserve de Schorfheide-Chorin. Cette ancienne abbaye cistercienne est l'un des plus importants bâtiments d'architecture gothique de la région. Retour à bord à Oderberg, avant que le bateau ne poursuive sa navigation vers Lichterfelder.

LE MONASTÈRE CISTERCIEN DE CHORIN

Ce monastère cistercien est un chef-d'œuvre de l'art gothique de brique rouge typique du nord de l'Allemagne. Niché au cœur d'un paysage idyllique à la bordure sud de la région de l'Uckermark, il était au Moyen Âge un centre d'étude de l'architecture. Il tomba en déliquescence au moment de la Réforme lorsque le Margrave de la province se convertit au protestantisme en 1542. L'ordre qui l'occupait fut dissout et le bâtiment plusieurs fois transformé avant de servir de carrière. Il bénéficia d'un regain d'attention au XIXe siècle grâce à l'intérêt nouveau suscité par les ruines en cette période romantique. Il fait aujourd'hui office de lieu de concert à ciel ouvert.

L'ancienne abbaye cistercienne de Chorin, construite à partir de 1272, avec ses hautes briques rouges et ses arbres centenaires, est située près d'un ancien vignoble, au bord d'un lac.

Berlin. Dernière étape d'une croisière somptueuse.

J. 7 Lichterfelder – Henningsdorf – Berlin

Très tôt le matin, alors que les passagers sont encore dans leur cabine, le bateau se met en route pour Berlin qui est atteint en fin de matinée. Sachant que c'est la dernière journée, les croisiéristes entendent en profiter au maximum. Au programme, cette après-midi, la visite de la capitale allemande. Il faut une belle énergie pour aborder la singulière histoire de Berlin, ses contrastes architecturaux, de l'historique au contemporain, ses styles de vie, bobo ou business, tout participe à faire de cette cité une ville vraiment à part. Après le passage devant le fameux Checkpoint Charlie et les fragments du mur encore très présents dans les rues, il faut retourner à bord pour l'apéritif d'au revoir et le dernier dîner.

ADRESSES UTILES

- Office de tourisme de Copenhague https://www.visitdenmark.fr/danemark/decouvrir/contacts-visitdenmark
- Office de tourisme de Berlin https://www.visitberlin.de/fr/office-de-tourisme-de-berlin

La capitale allemande séduit par la diversité de ses curiosités touristiques, par sa richesse culturelle et par un style de vie à la fois dynamique et décontracté.

Les croisières au fil de l'eau se déclinent également sur les océans à la découverte de leurs spectaculaires horizons qui s'esquissent à l'infini. Se laisser glisser sur les flots des mers à bord d'un confortable navire, c'est offrir à son imaginaire de quoi le nourrir et le combler grâce aux mythes et légendes qui nimbent de leurs histoires singulières les pays côtiers. C'est également choisir de vraiment larguer les amarres pour vivre une expérience unique à la découverte des plus belles mers européennes, telle une grande vague d'émotion.

AUX ABORDS DES CÔTES

En mer, au large de L'Île-Rousse, en Corse.

Grand tour de Corse

L'île de Beauté et ses trésors

Nice – Ajaccio – Bonifacio – Porto Vecchio – Bastia – L'Île-Rousse – Nice

À bord d'un navire luxueux d'une capacité de 130 passagers, le séjour au fil des eaux azurées de la Méditerranée s'annonce des plus exceptionnels. Rythmé d'escales pleines de promesses au départ de Nice, l'itinéraire révèle les trésors de l'Île de Beauté.

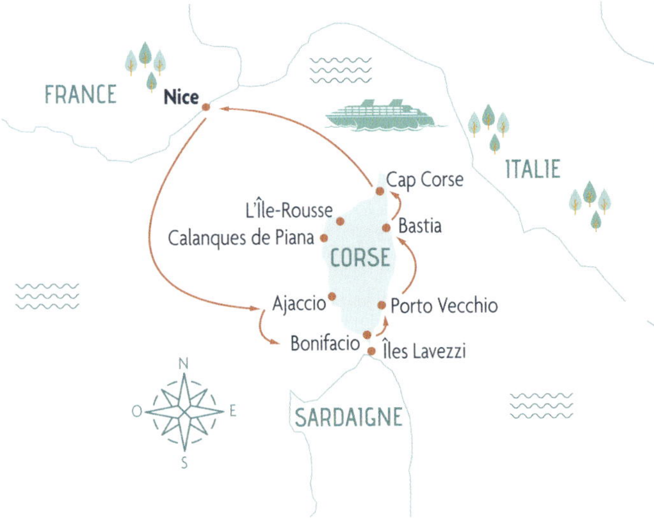

La Belle des océans, près de Bonifacio.

LA BELLE DES OCÉANS

JOUR 1
Nice

L'embarquement à bord se fait en fin d'après-midi au port de plaisance de Nice, situé en face de la baie des Anges. Souriant et à disposition, l'équipage au complet est prêt à accueillir les croisiéristes pour leur faire vivre un excellent séjour. En amont, tout a été bien pensé en termes de services et d'excursions, afin d'alterner moments de repos en navigation, animations festives et visites culturelles. Un savant mélange indispensable et dont le premier objectif est de satisfaire les attentes de chacun, dans le cadre de ses vacances. Dès ce premier soir, pour favoriser échanges et rencontres, un cocktail de bienvenue est offert à tous. Un premier chapitre convivial qui donne d'emblée le ton de ce périple.

MUSTS

- Les calanques de Piana et ses falaises rouges plongeant dans une mer turquoise
- Découverte complète de la Corse, de son art de vivre et de ses produits du terroir
- Les villes emblématiques de l'île : Ajaccio, Calvi, Bonifacio et Porto-Vecchio
- Le cap Corse, des sites incontournables entre terre, mer et ciel
- Les villages de Balagne, le charme de l'arrière-pays Corse

INFOS PRATIQUES

- Tout public
- Au printemps et en été, mais attention aux chaleurs de l'été

Le port de Nice.

Nice et sa célèbre promenade des Anglais qui longe le rivage face à la baie des Anges.

Ajaccio, capitale de l'île de Beauté et lieu de naissance de l'empereur Napoléon Ier.

J. 2
Ajaccio

La première matinée se déroule en navigation vers la Corse le long des côtes ensoleillées de la Méditerranée, ce qui permet à chacun de commencer sa journée en douceur et en prenant son temps. Le bateau lève l'ancre très tôt, à l'aube. Alors que les matelots s'appliquent aux manœuvres, bon nombre de passagers sont déjà montés sur le pont soleil après leur petit-déjeuner pour profiter de la vue panoramique, alors qu'au loin l'île se profile dans un léger halo de brume. On aperçoit le golfe de Porto, réserve naturelle, avec ses hautes falaises abruptes rouges et sa végétation luxuriante, chênes verts, arbousiers, bruyères et, bien sûr, la rarissime flore du maquis.

LE GOLFE DE PORTO

Creusé sur la côte ouest de la Corse entre le golfe de Sagone et Balagne, le golfe de Porto compte parmi les merveilles de Méditerranée. Découvrez la ville en longeant la côte et les calanques puis embarquez à bord d'un bateau et prenez le large en direction du Capo Rosso. De là, admirez le charme des calanques de Piana, falaises de plus de 300 mètres de haut plongeant directement dans la mer, et l'étrange lumière qui émane de la roche. Classé au Patrimoine mondial de l'Unesco, le golfe ne comprend pas moins de trois sites naturels d'exception : la réserve naturelle de Scandola, le golfe de Girolata et les fameuses calanques.

Le golfe de Porto abrite quelques-uns des trésors les plus éblouissants de l'île.

Porto. Entre mer et montagne, s'épanouit une nature luxuriante avec ses roches orangées, sa mer turquoise et sa nature verdoyante…

J. 3
Ajaccio

Pour ce premier jour de découverte de l'île, les croisiéristes partent dès le matin en car à la découverte de Porto et des Calanques de Piana. Ce sera l'occasion d'admirer les reliefs et leur typicité le long des routes escarpées et sinueuses longeant la côte, avec des haltes régulières d'observation aux promontoires. Une villégiature ponctuée de haltes régulières aux promontoires. La visite débute par le petit village de Porto, typique et charmant, dont le golfe est classé au Patrimoine mondial de l'Unesco pour sa réserve naturelle de Scandola. On y trouve les gorges de Spelunca et la forêt d'Antoine. Ultra protégés afin de préserver leur biodiversité, certains lieux sont seulement accessibles par la mer. Il faudra prendre un bateau local depuis Porto en direction de Capo Rosso pour admirer de près les fameuses calanques de Piana. À midi, un restaurant typique accueille les voyageurs et leur fait découvrir les saveurs de la cuisine traditionnelle corse.

Les calanques de Piana sont entourées d'immenses blocs de rochers aux formes étranges d'environ 400 mètres de hauteur. Elles sont aujourd'hui inscrites sur la liste du Patrimoine mondial depuis 1983.

J. 4
Bonifacio

Bonifacio et ses falaises d'albâtre, une destination incontournable pour tous ceux qui visitent la Corse.

L'arrivée en bateau à Bonifacio est vraiment spectaculaire. À l'approche des côtes, quand l'horizon se rétrécit, les hautes falaises semblent gigantesques. Parvenus au port, les croisiéristes descendent du bateau et partent en faire la visite. Cette petite cité médiévale a été construite à 60 m au-dessus du niveau de la mer. Véritable sentinelle de la Méditerranée, elle a été labellisée « Ville d'art et d'histoire » en 2019. La balade guidée dévoile ses ruelles tortueuses, son chemin de ronde et sa forteresse militaire. Les plus dynamiques emprunteront les 187 marches de l'escalier du roi d'Aragon, creusé dans la falaise calcaire et qui offre des vues spectaculaires sur le littoral. Après cette incursion, les voyageurs prendront un bateau local pour se rendre jusqu'à la réserve naturelle des îles Lavezzi : un paradis perdu de rochers en granite cerclés d'eau transparente. Le retour sur la *Belle des Océans* se fera en toute fin d'après-midi.

Au pied de la forteresse de Bonifacio, l'étonnant Escalier du Roy d'Aragon, un étroit passage, déjà emprunté à la préhistoire et aménagé en escalier par des moines, descend jusqu'à la mer.

BONIFACIO

Véritable musée à ciel ouvert, voici Bonifacio, cité des falaises où trône sur les hauteurs la citadelle construite au XIIe siècle. Ici les maisons sont perchées à 60 m au-dessus de la Méditerranée. Au large, au départ de Bonifacio se trouvent les îles Lavezzi, archipel granitique où se cachent de nombreuses grottes marines. Au cœur de la cité, on aperçoit le fameux « Escalier du Roy d'Aragon ». En 1420, Alfonso V, roi d'Aragon, voulut conquérir la Corse et mit le siège devant Bonifacio. Face à une forte résistance des habitants qui tenaient à leur alliance avec Gênes, il décida d'envoyer ses soldats creuser dans le roc une échelle et ce en une nuit. Hélas pour lui, les guetteurs entendirent des bruits et sonnèrent l'alarme. L'attaque échoua. Voilà pour la légende. En réalité, il fut certainement creusé par les moines franciscains. Les Bonifaciens l'utilisaient pour atteindre la source d'eau potable située au pied de la falaise.

J. 5 Porto-Vecchio

Au lever du soleil, le bateau part en navigation vers Porto-Vecchio, situé à une trentaine de kilomètres au nord sur la côte occidentale de la Corse. Il s'agit ici de l'une des plus belles parties du récif, entre mer et montagnes, plages paradisiaques et roches abruptes. Arrivés à bon port, les voyageurs partent pour la visite guidée de Porto-Vecchio, de ses ruelles, de sa citadelle, de ses fortifications génoises ainsi que sa belle marina. En fin d'après-midi, le retour à bord laisse à chacun le temps de profiter des installations du bateau.

La citadelle de Porto-Vecchio, autrefois quartier général des malfrats et pirates. La stagnation des eaux contribua à l'invasion de parasites et à la propagation du paludisme. Objet de controverses, elle fut détruite et reconstruite à trois reprises.

PORTO- VECCHIO

Ancienne cité du sel, Porto-Vecchio a su conserver un charme pittoresque. On peut toujours y observer l'ancien emplacement de ses marais salants à l'embouchure du Stabiacciu, petit fleuve de la région. La ville abrite une des plus paradisiaques plages de Corse, celle de Palombaggia. Cette plage se caractérise par son eau d'une limpidité rare et son sable blanc immaculé. Parsemée de rochers et de pins parasols, elle offre sans nul doute un des plus beaux cadres de toute l'île. L'histoire de la citadelle est elle aussi remarquable. En 1539, durant la colonisation génoise, les sénateurs génois proposèrent de construire une forteresse dotée de cinq portes. Hélas, le projet tourna mal, la citadelle devint le quartier général des malfrats et des pirates. Le lieu, désormais controversé, fut détruit et reconstruit à trois reprises, entre 1540 et 1589. Cédée à la France en 1768, la « cité du sel » doit son surnom aux années de la grande expansion des salines entre 1795 et 1815.

Erbalunga, adorable village de pêcheurs, dresse sa tour génoise au-dessus de ruelles pittoresques. Son port de pêche, en activité depuis le Moyen Âge, en fait un lieu plein de charme et de poésie.

Bastia, perle de la Corse est célèbre pour son vieux port, son église Saint-Jean-Baptiste avec ses deux campaniles, sa citadelle vieille de plusieurs siècles, sa cathédrale Sainte-Marie et son palais des gouverneurs qui abrite le musée d'histoire de la ville.

J. 6 Bastia

En ce sixième jour de croisière, le bateau approche Bastia. Les croisiéristes, curieux de poursuivre leur exploration, partent en excursion en car pour découvrir le cap Corse, territoire le plus au nord de l'île. Même si les paysages évoluent selon les régions, la beauté des sites reste inchangée. Depuis la route dominante, les vues imprenables s'enchaînent : sentiers côtiers qui sillonnent le maquis, rythmé de temps à autre par une tour génoise, villas bien cachées, villages anciens accrochés au flanc de la montagne, criques de sable fin. Une halte à Patrimonio permet de déguster des vins, des charcuteries et des fromages corses, partageant ainsi les traditions gourmandes. Puis, en fin d'après-midi, il est l'heure de regagner l'embarcation qui doit repartir vers L'Île-Rousse. Au salon-bar, une conférence intitulée « Une famille corse, les Bonaparte » restitue la grande et la petite histoire de cette lignée hors du commun.

Calvi. Le port de plaisance avec son immense baie entourée de la chaîne montagneuse enneigée jusqu'en mai et le golfe sont absolument sublimes. Fortifiée à la fin du XVe siècle, la citadelle enserre l'ancien palais des Gouverneurs, édifice du XIIe siècle.

J. 7
L'Île-Rousse

Septième et dernier jour de cette balade magique sur la grande bleue qui commence par L'Île-Rousse. Le nom tire son origine des roches rouges de l'île de la Pietra, qui s'enflamment au soleil couchant. Sa situation exceptionnelle dans la baie, ses paysages à couper le souffle, montagnes enneigées d'un côté, de l'autre, vue extraordinaire sur le golfe de Calvi, le lieu a tout du petit paradis préservé. Tôt le matin, les voyageurs partent en visite guidée à Calvi, à la découverte de son port charmant et de sa citadelle fortifiée. La découverte se poursuit en car au travers de vieux villages comme Balagne, au pied du mont Sant Angelo. Vers midi, il est temps de rejoindre le bateau qui appareille en direction de Nice.

ADRESSES UTILES

- Office de tourisme de Nice
https://www.explorenicecotedazur.com
- Office de tourisme de la Corse
https://www.visit-corsica.com
- Office tourisme d'Ajaccio
https://www.ajaccio-tourisme.com

L'archipel des Canaries

La douceur d'un éternel printemps

Lanzarote – Fuerteventura – Grande Canarie – La Gomera – La Palma – Tenerife

Cette superbe croisière est proposée en hiver afin de profiter de la clémence du climat dans cette région du sud. Suivant un itinéraire original, les passagers découvrent six des sept îles de l'archipel, chacune ayant sa véritable personnalité, avec des reliefs et des végétations différentes. Des dégustations de vins et de fromages canariens et des déjeuners typiques rythment le périple avec délice.

La Belle des Océans au large des Canaries…

LA BELLE DES OCÉANS

MUSTS

- À Lanzarote, dans le parc de Timanfaya, la route des volcans, un paysage d'un autre monde
- Les parcs nationaux du mont Teide et de Garajonay, classés au Patrimoine mondial de l'Unesco
- La Grande Canarie, La Gomera et Fuerteventura, des îles contrastées aux mille paysages
- Dégustations de vins et de fromages canariens et des déjeuners typiques lors des excursions

INFOS PRATIQUES

- Tout public
- En hiver

JOUR 1

Arrecife (Lanzarote)

C'est au port de Lanzarote que les passagers embarquent en fin de journée, à bord d'un élégant navire pouvant accueillir jusqu'à 130 passagers. Parfaitement équipé, le bateau a une capacité idéale pour que le séjour soit des plus agréables. Une fois confortablement installés dans leurs cabines, les vacanciers se retrouvent au salon-bar pour la présentation de l'équipage.

Vue aérienne de la splendeur de ces lieux enchanteurs.

Le site enchanteur de la plus mystérieuse des îles des Canaries, Lanzarote.

Lanzarote est la plus originale des îles Canaries avec ses fascinants paysages de laves noires constellés d'oasis de verdure et de cultures, caressés par des eaux d'un bleu intense.

Les trois quarts de la surface de Lanzarote sont couverts de cratères et de coulées de laves datant des éruptions volcaniques massives d'il y a 270 ans. C'est en atteignant les montagnes de Feu, dans le parc national de Timanfaya, que l'on peut admirer ce magnifique paysage lunaire.

J. 2
Arrecife

Au lendemain de l'arrivée, cette toute première journée de découverte démarre avec la visite d'une des plus fascinantes des sept îles. Lanzarote et le parc national de Timanfaya offrent des paysages volcaniques presque surréalistes, énigmatiques et mystérieux. Les trois quarts de la surface de l'île résultent d'éruptions volcaniques massives d'il y a 270 ans. Des volcans, des cratères béants, de vastes champs de lave, une succession de roches aux formes tarabiscotées, des terres noires, et des sols rougeâtres composent un incroyable décor qui contraste avec le blanc des maisons typiques, le bleu de la mer et l'azur du ciel. Depuis le sommet de la montagne de Feu, il est possible d'observer ce paysage quasi lunaire. Une halte pédagogique à Islote de Hilario permet d'assister à des démonstrations géothermiques. Pour clore la matinée, les croisiéristes rejoignent l'une des plus anciennes bodegas de l'île pour une dégustation de vins et fromages canariens, avant de revenir au bateau. L'après-midi, ils partent sur les traces de César Manrique, l'artiste le plus important des Canaries. Peintre, architecte, sculpteur et concepteur, c'était aussi un écologiste visionnaire convaincu.

CÉSAR MANRIQUE OU QUAND L'ART ET LA NATURE SE REJOIGNENT

« Tel le nid, tel l'oiseau » affirme-t-on. La phrase vaut pour César Manrique, né et mort sur son île, terre isolée dans l'océan Atlantique, façonnée par les éruptions volcaniques. C'est ici que l'artiste a voulu rendre hommage au paysage volcanique et à la beauté de sa patrie. Il a utilisé le morne de Lanzarote, les plaines de lave lunaires et les collines recouvertes de roche comme une toile et construit des projets architecturaux et urbains tout autour de l'île, à la recherche d'une harmonie entre l'homme et la nature. Peintre, sculpteur, urbaniste et militant écologiste, il a combiné nature et artifice, créé des jardins, des belvédères, conçu des centres culturels et dirigé des réformes touristiques et côtières sur de nombreuses îles des Canaries ainsi que bien au-delà de l'archipel. En témoignent la grotte de Los Verdes (aménagée par son collaborateur Jesus Soto), le lac souterrain des Jameos del Agua, situé à l'intérieur d'un tunnel de lave, le Mirador del Río, splendide belvédère.

Betancuria, ancienne capitale des îles et la première colonie des îles Canaries, a été fondée au début du XVe siècle par Jean de Béthencourt, qui a choisi un emplacement dans une vallée protégée des attaques de pirates. Peine perdue, ceux-ci la rasèrent malgré tout en 1593.

J. 3
Rosario (Fuerteventura)

En ce troisième jour de croisière, la visite de Fuerteventura est au programme de la matinée, avec un départ en car. C'est la première île de l'archipel à avoir émergé des profondeurs de l'océan Atlantique, il y a des millions d'années. Elle est très différente de la précédente. Une excursion originale est proposée aux visiteurs, vers la « Finca Torres » avec la dégustation du fromage de chèvre local. Ce délice a remporté le titre du « Golden Cheese Awards » du meilleur fromage du monde cinq années de suite. Puis les visiteurs s'acheminent vers le village de Tiscamanita et font un détour par la fabrique de cosmétiques à base d'aloe vera. L'excursion se termine par Betancuria, l'ancienne capitale des îles et la première colonie des Canaries, fondée au début du XVe siècle. La navigation vers la Grande Canarie, reprend, tout l'après-midi durant tandis qu'une conférence aura lieu au salon-bar.

Fuerteventura est la première île de l'archipel à avoir émergé des profondeurs de l'océan Atlantique il y a des millions d'années. C'est l'érosion qui a créé ce panorama unique en Europe.

J. 4 Las Palmas (Grande Canarie)

Le départ vers Las Palmas, la capitale, se fait tôt le matin en car pour rejoindre la vieille ville Vegueta et visiter d'abord la fameuse Casa de Colon (maison de Christophe Colomb). Un chapitre passionnant de l'histoire espagnole qui mérite une visite ! Ensuite, le cap est mis vers l'impressionnant cratère de Bandana qui culmine à 600 m d'altitude dans un site extraordinaire. Une pause avant de découvrir Teror. Lieu de pèlerinage des habitants de la Grande Canarie, ce joli village abrite en sa basilique la statue de la sainte patronne de l'île, Notre-Dame-du-Pin. Le clou de la journée reste les superbes jardins de la marquise d'Arucas qui regroupent près de 400 espèces de plantes tropicales et subtropicales, aux couleurs et aux formes exotiques. De retour au bateau, départ en navigation vers l'île de La Gomera après le dîner.

LA MAISON DE COLOMB

Au cœur du centre historique de Las Palmas, au nord de l'île, au pied de la cathédrale de Santa Ana, ce bâtiment d'une beauté singulière, de style colonial, est connu sous le nom de musée Columbus House. Ce palais fut la résidence du premier gouverneur de l'île. La légende affirme que Christophe Colomb y a séjourné en 1492, pendant qu'un de ses navires était en cours de réparation, d'où le nom de Casa de Colón. Passée une immense cour canarienne typique où trône une petite fontaine, voici la section consacrée aux peintures du XVIe au XIXe siècle. Elle présente des pièces originales du musée du Prado et une série de peintures flamandes. Une deuxième section est consacrée à l'histoire de la ville à travers différents panneaux d'information, de la documentation graphique et des modèles puis la partie consacrée à l'Amérique et à sa découverte.

Ce palais fut la résidence du premier gouverneur de l'île. Colomb y a séjourné en 1492, pendant qu'un de ses navires était en cours de réparation, d'où son nom de « maison de Christophe Colomb ».

Au pied du Pico, le cratère du Bandama, le plus vaste et le plus jeune de l'île. Il possède un diamètre d'environ 1 000 m et une hauteur de parois d'environ 200 m.

J. 5
San Sebastian (La Gomera)

Le bateau vogue toute la matinée, permettant à chacun de prendre son temps, de se poser et de se reposer. L'occasion aussi de dialoguer avec ses compagnons de voyage fraîchement rencontrés. D'aucuns préfèrent assister à la conférence proposée au salon-bar et qui vise à expliquer la genèse de l'archipel. Parvenus à Saint-Sébastien, les vacanciers partiront en minicar visiter l'île de La Gomera, et plus particulièrement le parc de Garajonay, classé au Patrimoine mondial de l'Unesco. Sa morphologie offre un contraste extraordinaire avec le reste des Canaries. Son charmant petit port au niveau de la mer est ensoleillé et radieux alors qu'à son sommet, qui culmine à 1487 m d'altitude, la température chute et la végétation change. Le périple s'achève sur les plages de sable noir de l'Atlantique, spectacle saisissant !

LE PARC DE GARAJONAY

Les véritables trésors de La Gomera sont ses forêts de laurier vertes, denses et intenses, qui couronnent le bord central de l'île. Elles ont abondé dans le monde entier depuis des millions d'années, mais sont aujourd'hui rares et peu nombreuses. L'un des endroits privilégiés où l'on peut encore les trouver est donc situé dans les îles de Macaronésie (Canaries, Madère et Açores) et en particulier dans le parc national de Garajonay, un lieu exceptionnel, grand de 4 000 hectares et où règne la nature. Déclaré site du Patrimoine mondial par l'Unesco, cette superbe forêt présente une grande diversité d'espèces végétales.

Symbole de l'île canarienne de La Gomera, le rocher d'Agando est une ancienne cheminée volcanique solidifiée, et sûrement l'un des plus beaux points de vue sur les alentours.

J. 6 Santa Cruz de La Palma (La Palma)

La matinée de ce sixième jour de croisière est dédiée au farniente ou peut être remplie par une conférence. Moment de réjouissances gourmandes, le repas est servi sous forme de buffet sur le pont soleil pour prolonger le plaisir d'être en plein air. Juste après le café, départ en car en direction de la Caldera de Taburiente. Pour y arriver, il faut prendre la route des Montagnes. Ici, la végétation est luxuriante avec de belles forêts de lauriers sauvages, de pins et de bananiers, libérant des fragrances intenses. La visite comprend le sanctuaire de la Vierge-des-Neiges, une petite église typique, qui renferme l'icône de la patronne de l'île. Après cette halte, les croisiéristes rejoignent une ferme traditionnelle du XVIIe siècle et dégustent un rafraîchissement dans de magnifiques jardins fleuris. Sur le chemin du retour, le car s'arrête au point de vue Mirador de la Concepción pour permettre à tous d'admirer la vue panoramique imprenable sur la côte et le nord de l'île.

La Palma est joliment surnommée « Belle Île » ou « île Verte » grâce à sa végétation luxuriante de forêt de lauriers sauvages, de pins et de bananiers.

La Palma, joliment surnommée « Belle Île » ou « île Verte » culmine à 2 396 m, au Roque de los Muchachos. On y découvre des belvédères offrant des vues époustouflantes, des plages préservées et une capitale de charme, Santa Cruz.

Tenerife. La plus grande des îles Canaries s'étend au pied du mont Teide, impressionnant volcan haut de près de 3 800 m.

J. 7

Santa Cruz de Tenerife

Juste après le petit déjeuner, les croisiéristes partent pour le parc national du Teide, situé au centre de Tenerife, un site d'exception qui fait référence en matière de volcanisme. C'est le plus grand des îles Canaries et le plus représentatif, parfait exemple de la végétation de « l'étage supra-canarien », d'une altitude moyenne supérieure à 2 000 m. Véritable chef-d'œuvre de la nature, l'immense cratère volcanique de 48 km laisse les visiteurs subjugués et intrigués par un tel phénomène. Sur la route du retour, de nombreux arrêts sont prévus aux endroits stratégiques, afin de profiter des plus belles vues. L'après-midi est consacrée à la visite de Puerto de la Cruz, une charmante petite ville historique, également station balnéaire. Les voyageurs traversent places, demeures, églises, jardins qui confèrent à cette cité ce cachet si particulier. Le soir, de retour à bord, les convives sont invités à la soirée de gala qui clôt en beauté la croisière.

ADRESSES UTILES

- Office de tourisme d'Espagne
https://www.spain.info/fr/exterieur/office-tourisme-espagne-paris-france/
- Office de tourisme des Canaries
https://canariestourisme.com

Principale porte d'entrée de l'archipel, Tenerife mérite le voyage pour son inépuisable palette de couleurs que livrent sa végétation et ses paysages.

Index des lieux

Villes de départ et/ou d'arrivée des croisières

CANAUX DE FRANCE

FLEUVES DE FRANCE ET D'EUROPE

AUX ABORDS DES CÔTES

Les croisières, un métier, une passion

Embarquer pour une croisière avec CroisiEurope est une expérience à part entière qui laissera au voyageur des souvenirs mémorables ! Figure de proue du tourisme fluvial depuis près de cinq décennies, la compagnie propose une offre d'itinéraires uniques à bord de bateaux de petite capacité, sur les canaux, les fleuves et les mers.

Sur les canaux d'Alsace, de Bourgogne, de Champagne, d'Île-de-France, de Provence, de Belgique ; sur les fleuves en France et en Europe : la Seine, le Rhône, la Saône, la Loire, la Gironde, le Rhin, le Pô, le Douro, le Guadalquivir, le Guadiana, le Neckar, la Moselle, le Main, le Danube, l'Oder, la Havel, l'Elbe, la Moldau, la Tisza, la Sava ; dans le monde, sur le Mékong au Cambodge et

au Vietnam, sur le lac Kariba au Zimbabwe, sur le Nil en Égypte, sur l'Amazone au Brésil, sur le Gange en Inde, autour du Spitzberg dans le Grand Nord arctique ; et sur les mers Méditerranée, Adriatique, Égée, sur l'océan Atlantique... les possibilités d'évasion au fil de l'eau sont très variées grâce à notre flotte de 50 bateaux.

Chaque croisière est rythmée d'excursions permettant de découvrir les plus beaux environs des escales choisies. Capitales incontournables, monuments séculaires, bourgs pittoresques, domaines viticoles, dégustations, balades à vélos, sorties nocturnes sont quelques exemples de visites facultatives.

À bord, la courtoisie et la convivialité sont de mise pour cultiver un certain art de vivre à la française favorisant la rencontre et l'échange bienveillant.

Nos équipages engagés œuvrent au quotidien au bon déroulement des croisières pour la satisfaction des passagers. Commandants, commissaires de bord, animatrices, responsables de restaurant, serveurs, chefs de cuisine et leurs brigades... donnent le meilleur d'eux-mêmes pour offrir un service de qualité, régulièrement optimisé par des formations « maison ».

Précurseur du tourisme fluvial en France, la compagnie française familiale indépendante cultive des valeurs humaines en phase avec la bonne ambiance qui règne sur ses bateaux. Convivialité, disponibilité, proximité et professionnalisme sont les maîtres mots à bord. La fidélité de la moitié des 220 000 passagers en témoigne.

Nos croisières (voir les références en page 222) sont proposées en formule « tout inclus » à bord, pour la plupart, comprenant la pension complète durant toute la croisière avec boissons comprises aux repas et au bar, animations à bord et Wi-Fi gratuit.

Choisir CroisiEurope, c'est s'offrir une parenthèse d'évasion au fil de l'eau, rythmée de convivialité, de culture, de détente et de divertissement, dans le cadre d'une mobilité vertueuse.

Croisières et types de bateaux
Sur les canaux, les fleuves et aux abords des côtes

1 Le canal de la Marne au Rhin
De Strasbourg à Lagarde
Croisière de 7 jours/6 nuits – réf. SXO
Péniche *Madeleine*

2 Les canaux de Bourgogne
De la Saône et du Centre
Croisière de 7 jours/6 nuits – réf. DSL_AIPP
Péniche *Danièle*

3 Le canal du Rhône et la Provence
De Sète à Arles
Croisière de 7 jours/6 nuits – réf. SVA
Péniche *Anne-Marie*

4 Le canal de la Marne
D'Épernay à Paris
Croisière de 7 jours/6 nuits – réf. ECP
Péniche *Déborah*

5 La vallée de l'Oise,
De Pont-l'Évêque à Paris
Croisière de 7 jours/6 nuits – réf. EVP_AIPP
Péniche *Raymonde*

6 La Loire et ses châteaux
Un héritage royal
Croisière de 6 jours/5 nuits – réf. NSN_PP
Bateau à roues à aubes *Loire Princesse*

7 Entre Rhône et Saône
À travers le vignoble et la gastronomie
Croisière de 5 jours/4 nuits – réf. LLY_PP
Bateau fluvial Le *Camargue*

8 La Gironde
Histoire, vins et patrimoine
Croisière de 5 jours/4 nuits – réf. BYB_FESPP2
Bateau fluvial Le *Cyrano de Bergerac*

9 La Seine des peintres impressionnistes
De Paris à Honfleur
Croisière de 7 jours/6 nuits – réf. PFH_IMPP
Bateau fluvial Le *Renoir*

10 Le Rhin romantique
Le rocher légendaire de la Lorelei.
Croisière de 5 jours/4 nuits – réf. SEH_PP
Bateau fluvial Le *Lafayette*

11 Les trésors du Rhin
D'Amsterdam à Bâle
Croisière de 8 jours/7 nuits – réf. ABE
Bateau fluvial Le *Lafayette*

12 L'Elbe et la Moldau
De Berlin à Prague
Croisière de 9 jours/8 nuits – réf. BPG_PP
Bateau à roues à aubes L'*Elbe Princesse*

13 Du Danube à la Tisza
La Hongrie authentique
Croisière de 9 jours/8 nuits – réf. BUT_PP
Bateau fluvial Le *Mona Lisa*

14 Grande croisière musicale
Au cœur de la Bohême
Croisière 9 jours/8 nuits – réf. PDG_MUSPP
Bateau à roues à aubes L'*Elbe Princesse*

15 La vallée du Douro
Une nature préservée
Croisière de 8 jours/7 nuits – réf. ROP_PP
Bateau fluvial L'*Infante don Henrique*

16 Au fil du Guadalquivir et du Guadiana
Entre fleuves et mer
Croisière de 8 jours/7 nuits – réf. SXH
Bateau fluvial La *Belle de Cadix*

17 Le Pô et le canal Bianco
De Venise à Mantoue
Croisière de 9 jours/8 nuits – réf. VMM_PP
Bateau fluvial Le *Michelangelo*

18 La Havel, l'Oder et la mer Baltique
De Copenhague à Berlin
Croisière de 8 jours/7 nuits – réf. SBL_PP
Bateau fluvial Le *Victor Hugo*

19 Grand tour de Corse
L'île de beauté et ses trésors
Croisière de 8 jours/7 nuits – réf. NAO_PP
Bateau fluvial *La Belle des Océans*

20 L'archipel des Canaries
La douceur d'un éternel printemps
Croisière de 8 jours/7 nuits – réf. LZT_PP
Bateau fluvial *La Belle des Océans*

Pour information

Avec ses 45 000 km de voies navigables, l'Europe a de quoi satisfaire les envies d'évasion sur les rivières, canaux et fleuves, une tendance touristique dont se sont emparées des sociétés de location d'embarcations sans nécessité de permis – pas uniquement en France – et des compagnies spécialisées dans les croisières qui ont l'avantage d'emprunter toutes les voies navigables.
Tous les ans, 15 000 plaisanciers privés environ se lancent sur le réseau géré par Voies navigables de France. Pour ce faire, VNF donne sur son site quelques préconisations pour préparer son voyage et suggère de consulter :

- la situation hebdomadaire du réseau fluvial
- les horaires et les conditions de navigation grâce au calculateur d'itinéraire fluvial
- les informations pratiques et touristiques tout au long de l'itinérance...

C'est aussi le réseau Voies navigables de France qui accompagne les professionnels du tourisme fluvial pour assurer la sécurité des passagers en veillant notamment à la réglementation de la navigation.

Voies navigables de France (VNF) est un établissement public opérateur de l'État en charge de la transition écologique dans le fluvial. Il gère un réseau de 6 700 km de canaux, fleuves et rivières qui irriguent les territoires et répond à plusieurs usages : environnementaux, sociaux et économiques.
Ses 4 000 agents régulent finement la ressource en eau dans l'intérêt général et le respect de l'environnement.
Voies navigables de France crée également les opportunités de développement des activités sur et autour du fleuve et favorise la transition de notre société vers de nouveaux modèles économiques et écologiques en faveur du fret bas carbone et du tourisme durable.
www.vnf.fr

Crédits iconographiques

Croisitek/Medialib CroisiEurope
Couverture (© Alexandre-Sattler), 4e de couverture (© Alexandre-Sattler), 1er rabat (© Alexandre-Sattler), second rabat (© Alexandre-Sattler), pages 7 (© Alexandre-Sattler), 8 (© DR), 9 (© Hervé Tallon), 10/11 (© Alexandre-Sattler), 19 (© Fabrice Rambert), 20 (© Ville de Sarrebourg), 23 (© DR), 28 haut (© Jérôme Marche), 29 bas (Éléonore H), 31 (© DR), 33 (© DR), 38 haut (© Pascale Gueret), 38 bas (© DR), 45 haut (© DR), 46 haut (© DR), 53 (© Alexandre Sattler), 54 (© DR), 58 haut (© DR), 62/63 (©Alexandre-Sattler), 65 (©Alexandre-Sattler), 71 haut (© Haubtmann), 72 (© Haubtmann), 75 (© Drone Parrot quatre), 85 (© Alexandre-Sattler), 89 haut (© Alexandre-Sattler), 90 haut (© Gregory Gerault), 92 haut (© Alexandre-Sattler), 95 (© Alexandre-Sattler), 96 (© Paul Hilbert), 99 bas (© Erik Lasalle), 105 (© Paul Hilbert), 106 (© Alexandre-Sattler), 108 (© DR), 110 haut (© Alexandre-Sattler), 115 (© Jérôme Arnoux), 125 (© HelWin Goetzinger), 127 haut (© DR), 135 (© HelWin Goetzinger), 138 bas (© Shutterstock), 141 bas (© Shutterstock), 145 (© DR), 157 (© Bruno Ribeiro), 167 (© DR), 168 (© Alexandre-Sattler), 172 haut (© Alexandre-Sattler), 177 (© Alexandre-Sattler), 178 (© Stephane Pfleger), 184 haut (© Alexandre-Sattler), 187 (© Paul Hilbert), 196/197 (© Alexandre-Sattler), 199 (© Alexandre-Sattler), 209 (© Alexandre-Sattler), 220 (© DR).

Adobe Stock
Pages 13, 79 haut, 112 et 113 (© Leonid Andronov), 14 (© Eva Bocek), 15 (Frantisek Zvardon), 17 (© JEANPIERRE), 18 (© Tanja Voigt), 24 et 25 (© HeinzWaldukat), 26 (© blickwinkel2511), 30 haut (© Daan), 30 bas (© Pierre_Jean DURIEU), 34 et 49 (© Alexandre ROSA), 35 (© Fts), 36 haut et 67 bas (© Brad Pict), 36 bas (© FredP), 37 (© Dominique VERNIER), 39 (© Kushnirov Avraham), 40 haut (© Sen), 40 bas (© Gerald Villena), 41 (© illustrez-vous), 43 (© barmalini), 44, 55 haut, 99 haut, 102 (© aterrom), 45 bas (© Florence Piot), 46 bas (© dietwalther), 47 (© JackF), 50 haut, 86, 107 haut, 162 haut, 183 (© saiko3p), 50 bas (© smallredgirl), 51 (© chris32m), 55 bas (© photogolfer), 56 bas et 97 bas (© PackShot), 57 (© Francois), 58 bas (© Henk Vrieselaar), 59 (© isabelle dupont), 60 (© sphraner), 66, 69 haut et 73 (© kevin_guillois), 67 haut (© Didier Doceux), 68 (© altitudedrone), 69 bas (© dannywilde), 70/71 (© sergiyN), 76 (© Frédéric Prochasson), 77 (© Sergey Novikov), 78, 80, 93, 139 et 164 bas (© Richard Semik), 81 (© jef 77), 82 (© Jonathan Stutz), 82/83 et 100 haut (© rochagneux), 83 (© Ricochet64), 88 haut (© barmalini), 89 bas (Toanet), 90 bas et 92 bas (© OceanProd), 91 (© mickael), 97 haut (© dbrnjhrj), 100 bas (© shorty25), 101 bas (© SergiyN), 103 (© Aleh Varanishcha), 109 (© David Brown), 110 bas et 121 (© Alice_D), 111 (© Igor), 116/117 (© ivoderooij), 117 (© sborisov), 118 haut (© dennisvdwater), 118 bas (© Corri Seizinger), 119 (© John Hofboer), 120 haut (© conorcrowe), 120 bas (© Canakris), 122 (© balakate), 123 bas (ISO-68), 126 et 195 (© JFL Photography), 127 bas (© kameraauge), 128 (© Mike Mareen), 129 haut (© Hanker), 129 bas (© foto_tech), 130 gauche et 131 (© Comofoto), 130 droite (© GISTEL), 132 haut (© Tilman2007), 132 bas (© Shcherbyna), 133 (© Mikail Markovskiy), 136 (© Mislav), 137 (© framedbythomas), 138 haut, 141 haut, 143 haut (© zgphotography), 140 (© tamas), 142 haut (© waku), 142 bas (Zsolt Repasy), 143 bas (© bwagner), 146 (© moofushi), 147 (© mauvries), 148 haut (© jsk12), 148 bas (© Lukas), 149 haut (© Paolo Gallo), 149 bas (© Anibal Trejo), 150 haut (© pyty), 150 bas (© LupCOMP96), 151 haut (© WSMU-Stefan Marwede), 151 bas (© tilialucida), 152 bas (© kivi80), 153 haut (© Sliver), 153 bas (© pyty), 154 (© Tomasz Warszewski), 155 (© mitzo_bs), 158 (© rudi1976), 159 haut (© cbruzos), 159 bas (© daliu), 160 haut (© rh2010), 160 bas (© ronnybas), 161 (© ChantalS), 162 bas (© Luis), 163 (© WildGlass Photograph), 164 haut (© Pierre Violet), 165 (© Danhua), 169 haut (© Delphotostock), 169 bas (© robertdering), 170 haut (© DavidShaun), 170 bas (© photlook), 171 (© Majopez), 172 bas (© Siur), 173 haut (© Jan), 173 bas (© Tomasz Warszewski), 174 (© naughtynut), 175 haut (© eunikas), 175 bas (© Hans Hansen), 179 haut (© dimbar76), 179 bas (© Alice78), 180/181 (© Alexey Fedorenko), 181 (© Reidos), 182 haut (© Nordicstocks), 182 bas (© Stefano Piazza), 184 bas (© IOлnR 3abanwha), 185 (© Eva Bocek), 188 (© Nikolay N.Antonov), 189 haut (© Michael Barkmann), 189 bas (© Roland Magnuson), 190 (© Iurii), 191 haut (© Markus Mainka), 191 bas (© Comofoto), 192 (© motivhueringen8), 193 haut (© Waldteufel), 193 bas (© art08), 194 (© Tilo Grellmann), 200 (© marcorubino), 201 (© Kavalenkava), 202 haut (© goyoconde), 202 bas (© falilie-eisenlohr.de), 203 haut (© pkazmierczak), 203 bas (© naturenow), 204 haut (© evannovostro), 204 bas (© Balate Dorin), 205 (© rachid amrous), 206 haut (© Frameworld), 206 bas et 207 (© pkazmierczak), 210 (© Freesurf), 211 (© Alex Tihonov), 212 (© Michal Kozera), 213 haut (© juanorihuela), 213 bas (© Elena Krivorotova), 214 haut (© Kristyna), 214 bas (© Dieter Meyer), 215 (© Neissl), 216 (© Balate Dorin), 217 (© Cyril PAPOT).

Wikimedia Commons
Pages 16 (© Ralph Hamman), 21 (© Mairie Lagarde), 27 (© Jochen Jahnke), 28 bas (© Christophe.Pinot), 29 haut (© Floraliën Gent), 48 (© Ville-Château-Thierry), 56 haut (© Jean-Pol GRANDMONT), 61 (© Jules Messian), 79 bas (© Arnaud 25), 87 (© Marc Ryckaert), 88 bas (©Ma T-WiKi1), 98 haut (© Morio60), 101 haut (© Franz Golhen), 107bas (© Phantom3Pix), 123 haut (© Jean-Pierre Dalbéra), 152 haut (© Ondřej Koniček).

Éditions **OUEST-FRANCE**

Directeur : Vincent Lorant
Editeur : Hervé Chirault
Coordination éditoriale : Isabelle Rousseau
Collaboration éditoriale : Maëline Danet
Mise en page : Nord Compo
Photogravure : Graph&ti, Cesson-Sévigné (35)
Impression : Imprimerie de Champagne, Langres (52)

ISBN : 978-2-7373-9105-7
N° d'éditeur : 11200.01.3,5.10.24
Dépôt légal : octobre 2024
Imprimé en France
editions.ouest-france.fr